PSICOLOGIA

Y

MARXISMO

Sergio Mario Guilli

Ediciones Sexta Tesis

Arte de tapa: Lucas Ordoñez
Diseño de tapa: Ileana Salinovic

Publicado y distribuido por Sexta Tesis
Impreso en Buenos Aires -República Argentina
1 ªEdición Marzo de 2016

Correo electrónico:sextatesis@hotmail.com -Web:www.6tesis.com.ar

CONTENIDO

PSICOLOGIA Y MARXISMO............ ¡Error! Marcador no definido.

Introducción..7

Un histórico desconocimiento 13

Aportes del marxismo a la psicología 27

La conciencia es reflejo activo 27

El psiquismo está determinado por el conjunto de las
relaciones sociales 28

El psiquismo es una función del cerebro 37

El lenguaje como un producto de la praxis social..............38

Dialéctica entre conciencia social e individual...................42

La psicología: campo de la lucha ideológica 45

Esencia social vs. esencia pulsional del psiquismo humano46

Evolución del género homo o festín totémico...................52

Praxis social vs. teoría pulsional y complejo de Edipo 63

La madre de todas las batallas: la histórica lucha entre
materialismo e idealismo...70

El difícil arte de debatir con un psicoanalista 74

Profanando los *sancta sanctorum* del psicoanálisis 80

3

El inconciente 81

Cuentos freudianos 85

El ocaso del psicoanálisis 101

EL FUTURO DE LA INVESTIGACIÓN REVOLUCIONARIA EN
PSICOLOGÍA 118

"A mi padre Norberto, obrero metalúrgico, marxista - leninista, capitán de estrellas, logaritmos y chapas.

A Ricardo Cardamone, a su pasión por la psicología, el marxismo, la revolución y la ciencia.

A Leo Bode y Helga Baumgarten, a sus metódicas, firmes y claras enseñanzas que jamás olvidaré."

Introducción

Dicen que las grietas del conocimiento se llenan con pasta de prejuicios. De los campos del conocimiento actuales, tanto la cosmovisión marxista como la psicología, en tanto ciencia particular, presentan aún importantes grietas. Son campos del pensamiento jóvenes y están en vías de consolidación. Si nos enfocamos en el terreno donde ambos campos intersecan, las grietas de ignorancia se transforman en profundo pozo. Y como afirmaba el camarada socialista Albert Einstein, más fácil es destruir una partícula subatómica que un prejuicio.

Los prejuicios en este terreno los hemos escuchado más de una vez: que el marxismo nada tiene que decir en psicología, que los duros, esclerosados y burocráticos marxistas soviéticos han reducido la complejidad de lo humano a un absurdo conductismo reflexológico perrosalivador a la Pavlov[1] y que seguramente habrán desarrollado una psicología *"antidemocrática"*; que va de suyo que la única psicología que el marxismo debe admitir es el psicoanálisis (versión Freud, Lacan, o la de muchos otros). Por décadas, el psicoanálisis ocupó el lugar de la *"concepción del psiquismo del marxismo"*.

---

[1] Ivan Pavlov: (1849 – 1936) Fisiólogo ruso ganador del Premio Nobel en 1904 por sus experimentos, que demostraron la existencia de los reflejos condicionados, un gran aporte a la construcción de los cimientos de una psicología científica. La *"herida narcisística"* que provocó en los psicoanalistas el hecho de que Freud no hubiera recibido el Nobel perdura hasta el día de hoy. Basta mencionarles la frase *"reflejo condicionado"* para ver por respuesta una expresión de asco y rechazo que constituye, curiosamente, un perfecto ejemplo de lo que es un reflejo condicionado.

En el mundo, Wilhem Reich, Herbert Marcuse, Erich Fromm, Louis Althusser, Alain Badiou, Slavoj Žižek; en Argentina, Enrique Pichón Riviere, León Rozitchner, Marie Langer, José Bleger son algunos de los pensadores que han alcanzado reconocimiento y han sostenido tal postura. Con el pasar de los años, cada uno construyó su escuela, sus teorías fueron perdiendo vigencia, sin que se convirtieran en fuente de inspiración para futuros avances teóricos ni prácticos[2].

La visión del psicoanálisis como un sólido conocimiento de las profundidades psíquicas se complementa con la idea de que el marxismo carece de una concepción del ser humano propia y que la pretensión de ubicar en Marx las bases para pensar al ser humano solo puede originarse en una totalitaria vocación imperialista que, forzando su propia naturaleza, intenta exportar esquemas, aventurándose de manera insolente más allá de los tópicos a los que *"debería limitarse"*: las relaciones económicas, la historia y la revolución.

Pero de la simple formulación surge la autocontradicción: ¿Cómo hablar de esos temas sin una teoría del ser humano? ¿Cómo pensar al ser humano al margen de su relación con su sociedad? ¿Cómo pretender que la teoría social no influya decisivamente en nuestra concepción del ser humano? ¿Cómo proyectar un futuro superador del capitalismo sin concebir un ser más

---

[2] Pichón Riviere (1907 – 1977) goza de una vigencia que no es compartida con ningún otro freudomarxista. Esto se debe al desarrollo de Escuelas de Psicología Social que ofrecen técnicas para el trabajo con grupos, basada en los denominados *"grupos operativos"*. Su escuela ha sostenido un destacable contenido político progresista.

humano que el engendrado por el sistema de explotación? O a la inversa: ¿Son las ideas psicoanalíticas totalmente asépticas en política? ¿Se puede, como hacen los freudianos de izquierda, afirmar que Freud fue *"un genio"* a la hora de develar los oscuros arcanos del psiquismo, pero que simplemente se equivocó al desplegar sus proyecciones sociales, negando de plano cualquier línea de continuidad entre uno y otro campo?

Comencemos con el autoproclamado apoliticismo freudiano. Ni el psicoanálisis es una teoría neutra en lo político ni Freud venía del *topos uranos*. El creador del psicoanálisis portaba el pretendido apoliticismo del pequeñoburgués europeo, imbuido hasta los tuétanos del sentido común de su época. No es el objetivo de este texto hacer un meticuloso recuento de sus contradictorias afirmaciones políticas, pero es necesario aclarar, sobre todo para quienes sobreimprimen una imagen progresista sobre la figura del padre del psicoanálisis, que la *"amplitud"* del rango de sus simpatías políticas lo llevó a dedicar un libro *"A Benito Mussolini, con el cortés saludo de un anciano que reconoce en el soberano al héroe de la cultura."* Se trata de una copia de *"¿Por qué las guerras?"*, dedicada en Viena, el 26 de abril de 1933.[3] Por cierto, Freud no trabajó *"en dos niveles"*,

---

[3] Mencionada en varios textos, la dedicatoria es muy bien contextualizada en *"Freud, el crepúsculo de un ídolo"*: *"¿Quién es Benito Mussolini en 1933? En primer lugar, el sostén de la política fascista del canciller Dollfuss (n.d.a., quien días antes de la dedicatoria había disuelto la cámara baja de Austria y comenzaba a gobernar por decreto. Cabría pensar que Freud evaluaba que de la mano de la alianza Dollfuss – Mussolini, Austria no sería anexada por Hitler, pero a la distancia, esa disyuntiva aparece como ridícula). A continuación, un dictador que conduce Italia con mano de hierro desde hace once años,*

como se podría pensar, intentando la infructuosa tarea de volver pacifista al Duce, en absoluto. En esa obra sostiene una actitud de total fatalismo en relación a las guerras y la inutilidad de la protesta en su contra. Tampoco diremos que este gesto es la palmaria demostración de su adhesión al fascismo. Más adelante, la historia mostrará a los nazis quemando libros de psicoanálisis. En todo caso se trata de la cíclica actitud de la clase media que aplaude a verdugos, luego los sufre, luego apoya a los movimientos populares para cerrar el ciclo volviendo a pedir verdugos. Latinoamérica tiene una vasta experiencia al respecto.

El marxismo en tanto cosmovisión tampoco es ajeno a los avatares históricos que vivieron quienes lo pensaron. Desde las persecuciones, que se inician con el propio Marx, pasando por la prohibición de toda literatura marxista y la quema de libros, hasta llegar a las masacres; las respuestas de la burguesía fueron represivas en aquellas coyunturas históricas en las que carecía de discurso para responder al avance revolucionario. En ese

---

con un programa fascista que en su mayor parte es similar al de Dollfuss: partido único, supresión de la oposición política, cacería de la izquierda, disolución de los partidos, nacionalismo exacerbado, persecución de los sindicalistas, violencia callejera de brutales milicias, asesinatos políticos, encarcelamientos arbitrarios, leyes que prohíben a los no fascistas ser funcionarios, censura de la prensa, derogación del derecho de huelga, corporativismo, operaciones militares en la cuenca mediterránea con un objetivo claramente imperialista, instrucción militar, intelectual y física de los niños de acuerdo con los principios fascistas, política natalista militante con impuestos a los solteros, subsidios a los nacimientos, prohibición del aborto y la contracepción, control de la radio. Eso es Mussolini el día de aquella firma funesta."
ONFRAY, Michel *"Freud: el crepúsculo de un ídolo"*. Penguin Random House Grupo Editorial, España (2011).

marco la teoría revolucionaria se construye, con bandazos que van desde la ortodoxia religiosa y fosilizante a la heterodoxia esterilizante. A esa historia tampoco fue ajena la psicología de raíz marxista ocultada, negada o deformada por el *establishment* cultural burgués. Es en el barro de la historia donde se dan los debates aparentemente *"académicos"* y el camino por el que la luz del conocimiento humano finalmente vence a la oscuridad suele ser sumamente tortuoso.

Entonces, más que por una comunión de ejes entre Freud y Marx, las causas históricas de esa mixtura llamada freudomarxismo hay que ubicarla en la voracidad de respuestas de un marxismo joven, que donde carecía de cuerpo propio, iba integrando elementos ajenos.

Así como en la URSS se desarrolló una ortodoxia que a la postre terminó siendo esterilizante, en occidente los sincretismos heterodoxos han sido la regla y no la excepción en la difusión de la teoría marxista. Múltiples factores han influido para que el nicho teórico anticapitalista haya sido ocupado en pocos años por el *hippismo epistemológico*, un *vale todo* en metodología científica que identifica a la intelectualidad progresista y que ocupa el lugar de impotentizante *"guía para la acción"*. A nivel mundial, el derrumbe del campo socialista carcomió las raíces identitarias marxistas. En Argentina la victoria de este hippismo epistemológico antecedió a la caída del muro. No se trató de una victoria en toda la regla de las *"nuevas teorías"* sino una colonización del pensamiento de izquierda. Para esto fue necesario el genocidio en la década de los '70 de militantes marxistas, efectivamente, pero este brutal episodio fue el corolario sangriento de un proceso que por décadas tuvo por objetivo la expulsión de intelectuales que unían compromiso social y rigor científico. Su hito más destacado fue la llamada *"noche de los bastones largos"*, durante la dictadura de Onganía, en 1966, cuando la policía entró a los golpes en la Universidad de Buenos Aires. Científicos de la talla de Oscar Varsavsky, Mario Bunge, Manuel Sadovski y Risieri Frondizi fueron corridos con la pedagogía de los bastones.

Finalizada la dictadura, las facultades humanísticas argentinas incorporan una buena cantidad de profesores formados en las metrópolis culturales y predicadores del arrepentimiento que volvían del exilio con la *"sagrada misión"* de salvar a la juventud de los *"pecados marxistas"* que había cometido aquella generación. Cuando las vacunas teóricas estuvieron lo suficientemente desarrolladas, la burguesía (ahora democrática) *"permitió"* el debate. Sumemos a esto el mentado predicamento histórico que el psicoanálisis había logrado en el progresismo y que sirvió de plataforma para que pudieran penetrar las teorías anticientíficas y naturalizadoras del orden existente. Un último ingrediente: la cooptación y la promoción de pensadores solventada por el imperialismo. La reacción tuvo siempre una gran preocupación por que los grupos revolucionarios no tengan su propia teoría. El frente teórico-psicoanalítico posmoderno necesitó de un mar de sangre para transformarse en la renovadora y democrática ideología del progresismo. Nuevamente, la burguesía empleaba el asalto a la razón del que nos prevenía el filósofo marxista húngaro György Lukács. Hicieron cuentas claras: si la luz del conocimiento ya no se puede apagar con inquisiciones, pues bien, hagamos pensar a los pueblos que la ciencia es *"de derecha"*. El guión teórico es siempre el mismo: formas de izquierda, contenido de derecha, pesimismo en cuanto a la posibilidad del conocimiento y el avance de la humanidad, negación de la ciencia. Contaban con el psicoanálisis como referencia obligada, sosteniendo el andamiaje teórico.

La vigencia del posmodernismo augura décadas de sufrimientos para los pueblos. Sin teoría revolucionaria no hay práctica revolucionaria. Pensamiento débil, acción débil. Muchos luchadores y muchas luchadoras sostienen posiciones posmodernas y el debate ideológico puede aparecer como un molesto purismo que abona a la división del movimiento popular. Pero ninguna revolución se hizo renunciando al debate profundo por temor a alejar a algún sector de la causa popular; con más razón, cuando Argentina se ha transformado en la cabecera de playa del posmodernismo en Latinoamérica. Los cruzados del pensamiento débil se han impuesto, sin ocultar el porteño aire de autosuficiencia, la tarea de *"salvar"* al resto de los luchadores de nuestra América de su *"retrasado y rígido"* pensamiento marxista.

Un histórico desconocimiento

El movimiento psicoanalítico encaró el debate entre psicoanálisis y marxismo, en base a dos grandes referencias históricas: una es la Unión Soviética y la otra es el devenir del movimiento psicoanalítico en occidente. Un balance histórico político comparativo entre movimientos psicológicos debería navegar entre dos extremos: ninguna teoría psicológica tendría por qué mostrar blasones de vanguardia en la defensa de los intereses populares de un lado, mientras que, por el otro, ninguna escuela psicológica puede exigir que la evaluación de su contenido no sea teñida por la luz de las posiciones políticas que sus representantes han sostenido.

Un ocultamiento sistemático utilizó la idea de que la psicología en la Unión Soviética debía por fuerza limitarse a una burda reducción fisiologista-reflexológica-pavloviana del complejo objeto de estudio que representa el psiquismo humano. Aprovechando prejuicios, se determinó que la psicología soviética debía ser funcional a una dictadura mientras la teoría de Freud estaría íntimamente consustanciada con la *"forma democrática de convivencia"*. El psicoanálisis sigue explotando en Argentina cierto prestigio en la medida en que se ha propagandizado como una subcultura resistente en época de la dictadura. La historia de la psicología en la Unión Soviética es absolutamente desconocida para la cultura occidental, como herencia cultural de los mitos generados en la Guerra Fría.

En su gran mayoría, el movimiento psicoanalítico convivió con todas las ferocidades castrenses sudamericanas, a contrapelo de la impoluta autoimagen política que ha intentado cultivar. Numerosos testimonios apuntan a evidenciar como los de las famosas psicoanalistas Maud Mannoni[4] y Elisabeth Roudinesco.

---

[4] Maud Mannoni, una psicoanalista francesa de fama en los ámbitos psi, decía conmovida: *"Lo que me ha impactado en la Argentina es que durante los años más violentos de la dictadura militar, los analistas se refugiaron en una máxima teorización que los protegía de la realidad política y social terrible que vivían (...). Los psicoanalistas argentinos negaban la realidad. No analizaban. Psicotizaban".* *"El espacio y la fantasía"* (Maud Mannoni, reportaje de Viviana Gorbato en El Periodista de Buenos Aires, Nº 49, agosto 1985). Serge Leclaire afirmaba que durante la dictadura, la Argentina fue *"El Dorado del*

14

Por supuesto, los y las analistas también convivieron, sin contradicción, con estados coloniales criminales como el norteamericano, el inglés y el francés, pero pareciera ser que el encanto de las metrópolis librara a sus intelectuales de cualquier sentido de complicidad.

Tampoco es preciso ser un erudito en materia de las cripticidades de los micromundos que se generaron en los oscuros años de la dictadura para comprender el rol político del psicoanálisis.

"Rompenieblas, una historia de psicoanálisis y dictadura", es un documental argentino filmado en 2006 en el que se recogen las opiniones de reconocidos psicoanalistas acerca de la relación entre las instituciones psicoanalíticas y la dictadura en la Argentina.

Podemos bien acudir a ejemplos más recientes. En la década de los '90 la brutalidad neoliberal tuvo que ser enfrentada por los trabajadores

---

Psicoanálisis": LECLAIRE, Serge y la A.P.U.I.P., *États des lieux de la psychanalyse*. París. ALBIN, Michel (1991), pág. 215. Valgan pues los testimonios de connotados psicoanalistas para conocer la conducta social que tuvieron en su momento quienes hoy posan de dueños de la libertad y la democracia.

desocupados que quedaban fuera del sistema, ante la impávida mirada de los popes del psicoanálisis[5]. Pasados los *"aires rebeldes"* del '68, los psicoanalistas más conspicuos se han blindado, para no ser afectados por la realidad social, en el aire cultural posmoderno y se sentirían muy molestos de ser tildados *"de izquierda"*. Por supuesto, el tema se resiste a generalizaciones extremas. La intelectualidad con mayor sensibilidad social abrazó en muchos casos el psicoanálisis. Sería una visión sesgada olvidar la mención de la cantidad de profesionales solidarios que ayudan en las situaciones de catástrofes o bien individualmente a pacientes que lo necesitan desde la práctica analítica. Estos profesionales son, sin duda, ejemplo de aquellas prácticas humanas y empáticas que conforman las reservas éticas del pueblo. Al mismo tiempo debemos considerar la existencia de muchos psicoanalistas que son verdaderos profesionales, que manejan con creatividad el arte psicoterapéutico y que se basan en una amplia experiencia clínica y en un sentido práctico frente a las dificultades concretas que se le presentan. Solo cabe preguntarnos cuánto se potenciaría su actividad incorporando el avance científico junto con las técnicas eficaces. Pero sería un abuso de las estadísticas

---

[5] Un gráfico ejemplo de este tipo de actitudes se dio durante la represión policial al pueblo en la resistencia al desalojo a la fábrica Brukman. El 21 de abril de 2003, la empresa, recuperada por sus trabajadores luego de haber sido quebrada por la patronal, estaba siendo asediada por las fuerzas represivas. El pueblo acompañó el reclamo de los trabajadores y fue ferozmente reprimido. La decana de la Facultad de Psicología de la Universidad de Buenos Aires cerró las puertas y negó asilo y auxilio a los manifestantes, entregándolos a las manos de las *"fuerzas del orden"*.

decir que la adhesión a la teoría de Freud es patrimonio de quienes hacen de la lucha contra las injusticias su razón de existir.

Valgan estas apreciaciones para poner en cuestión los méritos que el psicoanálisis se autoadjudica, mostrándose a sí mismo como una práctica *"liberadora de la alienación del individuo"* y acusando al resto de las psicoterapias de hacer *"adaptacionismo al sistema"*. A la luz de su historia política, el hurto de terminología al marxismo suena como una superficial estrategia de marketing.

Una psicología que tomó las líneas teóricas de Marx y que es aún tremendamente desconocida en nuestro medio nació en la Unión Soviética con Lev Semionovich Vigotsky (1896 – 1934). De 1924 a su temprana muerte en el '34, en 10 años de *"furia creadora"*, Vigotsky sentó las bases para pensar desde el punto de vista materialista el psiquismo. En la joven Rusia soviética resonó su grito de guerra contra los teóricos organicistas: *"ser materialistas en fisiología no es difícil. Pero prueben serlo en psicología y, si no lo logran, continúen siendo idealistas"*.[6]

Su frase preferida de Marx era aquella que decía: *"hay algo en que el peor maestro de obras aventaja, desde luego, a la mejor abeja, y es el hecho de que, antes de ejecutar la construcción, la proyecta en su cerebro. Al final del proceso de trabajo, brota un resultado que tenía la existencia **ya en la mente del obrero**; es*

---

[6] VIGOTSKY, Lev Semionovich. Los métodos de investigación reflexológicos y psicológicos. OO.EE. Tomo I. Ed. Visor, Madrid (1991). Pág. 19

*decir, un resultado que tenía la existencia **ideal**. El obrero no se limita a hacer cambiar de forma la materia que le brinda la naturaleza, sino que, al mismo tiempo, **realiza en ella su fin**, fin que él **sabe** que rige como una ley las modalidades de su actuación y al que tiene que supeditar necesariamente su voluntad."*[7] El *leit motiv* de su lucha por aquellos años fue la defensa del concepto de conciencia ante quienes pretendían una ciencia psicológica desprovista de tal categoría.

Vigotsky, junto con Aleksei Leontiev y Alexander Luria formaron una troika teórica de gran trascendencia. Alexander Luria, autor de *"El cerebro en acción"*, desarrolló una visión integral del funcionamiento cerebral, destacando el rol del lenguaje y por tanto de la sociedad, en dicho proceso.

Lev Semionovich Vigotsky
(1896 – 1934)

El pensador de origen inglés Stephen Toulmin describió *"Luria es a Beethoven lo que Vigotsky a Mozart"*.

---

[7] MARX, Karl. El Capital. Tomo I, Libro I, Cap. 5 (1867) Ed. Cartago. Buenos Aires (1965). Pág. 147

18

Leontiev, por su parte, desplegó una profunda visión científica, sociohistórica y dialéctica del psiquismo humano en sus trabajos. Intentó cumplir con la visión de su maestro Vigotsky cuando planteaba que *"la psicología necesita su propio Das Kapital - sus propios conceptos de clase, forma, valor, etc. - en las que podría expresar, describir y estudiar su objeto."*[8] Leontiev lo hizo con un texto que hoy es referencia obligada, su *"Actividad, conciencia, personalidad"*[9].

Aleksei Leontiev (1903 – 1979)

El clima de efervescencia revolucionaria generaba rápidamente teoría con base en el marxismo y profundamente crítica del psicoanálisis. En ese marco, el científico Mijail Bajtin (1895-1975) publica su obra crítica *"El freudismo"*[10].

---

[8] VIGOTSKY, Lev Semionovich. El significado histórico de la crisis en psicología. OO.EE. (1927). Tomo I. Visor, Madrid (1991). Pág. 389

[9] LEONTIEV, Aleksei. Actividad, Conciencia, Personalidad. Ed. Pueblo y Educación - La Habana – Cuba (1981).

[10] La obra aparece en 1927 bajo la firma de Valentin Volóshinov.

19

Vigotsky trabajó desde el '31 hasta su muerte en '34 en Jarkov, Ucrania. Varias obras fueron publicadas post mortem, pero luego, a partir de 1936, sus trabajos estuvieron proscriptos por 20 años. Un partido proletario joven por primera vez gobernaba una gran porción del planeta, había incomprensiones y un asedio que precedía lo que fuera la Segunda Guerra Mundial. El silenciamiento fue llevado a cabo a través de un decreto del Comité Central del PCUS en contra de la paidología (algo así como la psicología educacional) y las técnicas psicométricas, erróneamente atribuidas a Vigotsky. Por otra parte, Luria había realizado una expedición al Asia Central en los años '31 y '32 para sacar conclusiones de la estructura psíquica de los integrantes de las tribus que habitaban aquellas zonas y que permanecían en el analfabetismo. Se catalogó a Vigotsky de *"chauvinista gran ruso"* por afirmar que los analfabetos de Asia Central aún no habían desarrollado las capacidades relativas a la civilización moderna o bien de antisoviético por sugerir que *"la política de la URSS está conducida por gente y clases que piensan primitivamente"*[11].

Las obras de Vigotsky volvieron a ser publicadas en la URSS en 1956. A partir de entonces, algunos de sus discípulos sobrevivientes a la Segunda Guerra Mundial ocuparon posiciones importantes en la academia y demás instituciones.

---

[11] Citado en BLANCK, Guillermo. Vigotsky, memoria y vigencia. Ed. Cultura y Cognición. Buenos Aires (1984). RAZMISLOV, P. Sobre la teoría psicológica histórico-cultural de Vigotsky y Luria, Kniga i proletariskaia revolutsia. (1934).

Aquí el canon de los historiadores de la psicología, consiste en cargar las tintas contra la *"oscuridad estalinista"* contraponiéndola con un occidente supuestamente *open mind*. Para ser justos, tendríamos que decir que la humanidad no estaba lista para las teorías de Vigotsky y que en todo caso, la Unión Soviética fue el lugar donde mejor pudieron prosperar estas ideas que hoy recorren el mundo. Si algo atentó contra la difusión de la teoría sociocultural fue la Guerra Fría, que retrasó y dificultó su conocimiento en el *"mundo libre"*. De hecho, en occidente, hasta 1962 solo se conocía un test de Vigotsky. Cuando en ese año se publica en EE.UU. una versión inglesa de su *"Pensamiento y Lenguaje"*, en la traducción aparecen podadas todas las referencias a Marx y Engels. Estaban frescos todavía los recuerdos de la época del macartismo, del '50 al '56, cuando se desató en Norteamérica una histérica persecución de todo lo que oliera a comunista. Estamos hablando de una *"sociedad abierta y democrática"* en la cual, por 1962, sus habitantes afrodescendientes sufrían un régimen odioso de apartheid. En Latinoamérica, portar un libro de Marx en épocas de botas militares podía significar una sentencia de muerte. Tal era la *"batalla de ideas"* que libraba el capitalismo en aquellos años.

Asimismo, agregando contexto, observamos que las trabas al desarrollo científico producto de la hiperideologización no fueron patrimonio exclusivo de los bolcheviques. La Revolución Cultural en la China de Mao también cometió el error de frenar el desarrollo cultural nacional cuando la dirección política intentó constreñir el debate intelectual. Todas las revoluciones jóvenes tuvieron que pasar varias décadas antes de construir líneas maduras de cuadros, porque es una nueva clase la que llega al poder a construir un nuevo tipo de sociedad.

¿Qué pasó con el psicoanálisis en la URSS? Vigotsky y Luria fueron en los primeros años de su carrera estudiosos de las teorías psicoanalíticas. Luria fue integrante de la Asociación Psicoanalítica Rusa. En 1925 hacen un prólogo a *"Más allá del principio del placer"*. La adhesión no fue dogmática, sino observando en todo momento la necesidad de corroboración de las audaces hipótesis que por ese entonces eran frescas y conmovían el mundo intelectual.

Alexander Luria (1902 -1977)

Posteriormente, se desencantarán por el carácter especulativo de la obra de Freud. Vigotsky plantearía que todo intento de unión entre psicoanálisis y psicología basado en el marxismo sería eclecticismo. Sin fundamento, autores que adhieren a la teoría de Freud le endilgan a Luria haber renunciado al psicoanálisis *"por razones políticas"*[12]. Esta hipótesis, además de arrojar dudas sobre la ética Luriana, demuestra la falta de conocimiento que tienen sobre la originalidad de su trabajo, realizado con una meticulosa fundamentación científica y que

---

[12] DELAHANTY MATUK, Guillermo. Psicoanálisis y neuropsicología: inicios de un encuentro. Universidad Autónoma del Estado de Morelos, México. Clínica e Investigación Relacional, 7 (3): 602 - 619. [ISSN 1988 - 2939], 2013.

finalmente, en enfoques, concepciones y categorías, siguió por un camino totalmente alejado del psicoanálisis.

Hasta 1930, año en que se publicó en la Unión Soviética *"El porvenir de una ilusión"*, el psicoanálisis era estudiado en todo el país; luego, y hasta mediados de los '50 se mantiene una proscripción.[13] Observemos, no obstante, que el período es muy parecido al del silenciamiento de la teoría sociocultural. En la URSS existía una masa crítica de intelectualidad con conocimientos de ciencia en general y de la ciencia social en particular. En este clima de época, difícilmente tendría lugar una doctrina tan ingenuamente imbuida en los prejuicios de clase burgueses. La academia soviética no era un ámbito propicio para reflotar una escolástica irracionalista, al punto que los referentes en psicología sociocultural siguieron ocupando un lugar central aún después de la caída de la Unión Soviética.

---

[13] BALBUENA RIVERA, Francisco, SÁNCHEZ-BARRANCO RUIZ, Antonio. Breve historia del psicoanálisis en Rusia. Revista de la Asociación Española de Neuropsiquiatría Nº 90, Madrid (jun. 2004 (90): 145 - 164. [en línea] [fecha de consulta: 31/10/2015]. Disponible en: http://scielo.isciii.es/scielo.php?script=sci_arttext&pid=S0211-57352004000200010&lng=es. En este texto se percibe la naturalización que el capitalismo genera en relación a las propias atrocidades en la ciudadanía. Estos investigadores abominan de la Unión Soviética, sin embargo, no creen necesario contextuar su propio discurso: ambos autores son súbditos de la corona española, la misma entidad que causó el genocidio y saqueo en América. Ni creen necesario plantearse que investigan en un país cuyas clases dominantes formatearon su fisonomía cultural a sangre y fuego con la inquisición de Tomás de Torquemada, y posteriormente con Primo de Rivera y el Generalísimo Francisco Franco, en el marco de la sangría bestial de la Guerra Civil y los casi 40 años de oscuridad clerical.

Variados encuentros internacionales muestran que los psicólogos soviéticos tenían un gran intercambio con los debates mundiales. De ellos, es destacable el que tuvo lugar en 1979 en Tbilisi, Georgia, por entonces República Soviética, donde se desarrolló un simposio internacional sobre el inconciente al que asistieron teóricos de todas las escuelas incluyendo psicoanalistas y los más destacados científicos de la mente, como el recientemente fallecido Karl Pribram. Esta actividad fue preparada, entre otros, por un psicoanalista georgiano, Sergue Tzouladzé.

Así es que los aportes teóricos de quienes pensaron la psicología con una base marxista, como Bluma Zeigernik, Daniil Elkonin o Dimitri Uznadze son aún hoy absolutamente desconocidos para el conjunto de la intelectualidad de izquierda, revolucionaria o progresista. Y por cierto, no porque su obra haya carecido de trascendencia en el mundo psicológico. Zeigernik estudió con los principales maestros de la teoría de la Gestalt. Colocó su apellido en la historia de la psicología al descubrir el *Efecto Zeigernik*: la capacidad del ser humano para recordar tareas inacabadas. Elkonin desarrolló la *teoría social del juego* y Uznadze avanzó en la teoría de los *sets*, configuraciones fisiológicas cerebrales desarrolladas socioculturalmente, a través del aprendizaje, que cumplen una función similar a los sistemas de programas en computación. Actualmente, en Georgia, ex Unión Soviética, funciona un centro que lleva su nombre. Vigotsky, por su parte, ha legado al pensamiento universal, entre otras, la categoría de *zona de desarrollo proximal* que refiere a la distancia que existe entre el nivel actual de desarrollo de un niño sin ayuda en la resolución de un problema y el nivel de desarrollo potencial con la ayuda de un adulto o de compañeros más avanzados. Muchos otros nombres con geniales aportaciones quedarán en el tintero mientras las condiciones sean desfavorables a la ciencia y a la revolución. O bien sus ideas nos llegarán con otra terminología, de la mano de algún connotado autor occidental. No nos queda otra que volver aquí al tema de los prejuicios. Lamentablemente, existe un capitalismo-centrismo u occidento-centrismo. Ante la mención de autores anglosajones o franceses, muchos teóricos perciben que están en presencia de una mentalidad *"abierta y democrática"*. Moldeados por los suplementos culturales de los diarios cómplices de las dictaduras, tan afines al psicoanálisis, coligen *"el dogmatismo y rigidez"* de un autor cuyo apellido suene a ruso.

La escuela sociocultural de psicología es hoy una reconocida línea de reflexión que incorpora las investigaciones de los autores soviéticos y de muchos otros que han continuado esta obra a lo largo y a lo ancho del mundo. En EE.UU. James Wertsch, Gordon Wells, Michel Cole y Sylvia Scribner son los principales difusores de esta corriente. En España, Ángel Riviere. En Argentina, un temprano difusor de la corriente sociocultural fue el Dr. José Itzigsohn, profesor de la Universidad de Buenos Aires e impulsor de la carrera de Psicología en los '60. También el Dr. Juan Azcoaga, quien dirigía la cátedra de Neuroanatomía y Neuropsicología en la Facultad de Psicología de la Universidad de Buenos Aires. Luego hubo una segunda generación, Julio Blanck y Mario Golder, académicos vigotskianos y difusores, con aportes de material teórico inédito a través de intercambios llevados a cabo con discípulos, colegas y familiares de Vigotsky.[14] El Dr. Ricardo Cardamone, fue otro apasionado defensor de estas ideas, ocultado por el cono de silencio de la burocracia psicoanalítica post-dictadura.

A nivel internacional se ha constituido un núcleo activo e importante de pensamiento sociocultural en torno a la Sociedad Internacional para la Investigación de la Actividad Histórico-Cultural, en la que el componente europeo es mayoritario y que tendrá su próximo Congreso en Quebec, Canadá, en 2017. Hoy día, esta teoría se estudia en las universidades cubanas y hay importantes trabajos de pedagogos españoles, así como cátedras e instituciones de inspiración sociocultural diseminadas por todo el mundo. Sin embargo, no puede hablarse de una corriente que aparezca hoy con una fisonomía propia al margen de las investigaciones y prácticas que se dan en el marco del debate científico, ni sería adecuado tal exclusivismo, si eso significara generar una escolástica cerrada que negara los avances que se dan desde los más diversos centros de investigación.

Vigotsky y los pioneros de la teoría sociocultural tomaron los grandes trazos que Marx y Engels dejaron apuntados en relación al ser humano y comenzaron el camino de pensar el psiquismo desde una concepción sociohistórica, científica y de enormes

---

[14] SULLE, Adriana, BUR, Ricardo, STASIEJKO, Halina, CELOTTO, Ileana, MONTES QUINTIAN, Mariano, GOMEZ, Claudia Beatriz, AUNE, Sofía, PRIKHODA, Yelena y LOBEL, Guadalupe. Recepción y apropiación las ideas de Vigotsky en el contexto académico argentino: una indagación desde las voces de sus protagonistas (2013). Anuario de Investigaciones. Volumen XX. Facultad de Psicología. Universidad de Buenos Aires.

potencialidades para aportar a la construcción de la sociedad socialista. Veamos cuáles son esas bases.

Aportes del marxismo a la psicología

¿Qué servicio nos brinda el viejo Marx a la hora de investigar el psiquismo humano? Fundamentalmente el marxismo es *la* base teórica. De la mano del marxismo no vamos a caer ni en vitalismos ni en mecanicismos, ni en espiritualismos ni en ahistoricismo, ni en biologismos ni en sociologismos. Con Marx podemos evitar la naturalización del psiquismo engendrado por la sociedad dividida en clases y es el gran antídoto contra todo tipo de reduccionismos.

La conciencia es reflejo activo

Desde la Primera Tesis sobre Feuerbach, Marx plantea que el reflejo psíquico es un reflejo activo de la realidad. Es decir, el reflejo conciente consiste en la generación de un modelo que puede ser más o menos *isomorfo*, tener una cierta similitud con la realidad focalizada. No es un reflejo pasivo, inerte; el reflejo conciente es activo, generado a través de la actividad, permitiendo las condiciones para la profundización de los modelos del mundo mediante bucles retroactivos con la realidad. La historia del avance de la cultura humana es la contradictoria historia de la complejización de esos modelos. Un ejemplo de tal desarrollo es la construcción del tipo de personalidad denominado *"hombre nuevo"* y *"mujer nueva"*, que significa la superación del modelo del mundo que encarna en la personalidad del ser humano de la sociedad dividida en clases, por otro en el cual la concientización de la posición de clase, la asimilación de los valores socialistas y la empatía, resultan en un incremento de la capacidad emocional de sus individuos.

En determinadas condiciones el reflejo psíquico puede adquirir mayor distancia de la realidad. Tal es el caso de los fenómenos disociativos. En estos estados alterados de la conciencia es donde más se aleja el individuo de su entorno y se caracterizan por: despersonalización (dificultad para reconocerse a sí mismo/a), desrealización (dificultad para reconocer la realidad exterior), blancos de memoria, reexperimentación de situaciones traumáticas (*flashbacks*-volver a la escena traumática en vigilia-, pesadillas) y en los casos más extremos irrupción de personalidades disociativas alternas. Todos estos son momentos donde la conciencia se aleja de la realidad. El posmodernismo, en su ataque a la razón, ha exagerado este aspecto hasta transformarlo en un absoluto: para estos pensadores, no hay posibilidad de que el psiquismo tenga nada que lo vincule con ese algo que sería el mundo exterior.

Conciencia es modelización del mundo en tiempo real. Si este *"mapa"* carece de isomorfismo con la realidad y se disocia de ella, las consecuencias no se harán esperar. Los posmodernos construyen sus teorías ocultando este momento de la dialéctica psiquismo – realidad: el de la verificación práctica.

El psiquismo está determinado por el conjunto de las relaciones sociales

Es común encontrar autores que pretenden ubicar *"la psicología"* del marxismo en los Manuscritos de 1844. El interés por este campo del conocimiento es ostensible en estos manuscritos juveniles de Marx, donde ya destaca el rol de la actividad en la conformación del psiquismo. Sin embargo en los Manuscritos, Marx derivaba la propiedad privada del trabajo alienado del individuo, en una postura idealista que daba centralidad a las condiciones inherentes al individuo aislado por encima de las relaciones sociales en las cuales el psiquismo se conforma.

Marx, da un giro materialista al año siguiente, en 1845, cuando *descubre la esencia del ser humano*. En su Sexta Tesis sobre Feuerbach lo plantea de la siguiente manera *"La esencia humana no es ninguna abstracción inherente al individuo aislado. En su realidad es el conjunto de las relaciones sociales"*. La esencia humana no se encuentra en ninguna instancia alojada en las profundidades del individuo (llámese alma, voluntad de poder, Freud hablará de pulsiones), sino en el conjunto de las relaciones sociales, del cual el individuo es producto y, en la medida de sus posibilidades (sociohistóricamente determinadas), actor. Vigotsky *"traducía"* la Sexta Tesis de esta manera: *"La construcción psicológica completa de los individuos depende directamente del desarrollo de la tecnología -el grado de desarrollo de las fuerzas productivas- y de la estructura del grupo social al que el individuo pertenece."*[15]

Leontiev destaca la importancia teórica del giro que implica la Sexta Tesis: "*Karl Marx descubrió el método adecuado para el análisis científico del origen y funcionamiento de la conciencia*

---

[15] VIGOTSKY, Lev Semionovich. La modificación socialista del hombre, en "La Genialidad y otros textos inéditos". Ed. Almagesto. Buenos Aires (1998). Pág. 110

29

humana, social e individual. Como resultado (...) el objeto de la investigación de la conciencia se trasladó del individuo subjetivo a los sistemas sociales de la actividad."[16] Pensemos en la trascendencia del descubrimiento de Marx, encontrar nada menos que *la esencia de lo que nos hace humanos,* así como la originalidad del planteamiento que ubica *fuera del individuo* tal esencia. Como podremos apreciar, hasta el día de hoy tal aporte no ha merecido el reconocimiento acorde a su importancia. Esta *"excentración"* de la esencia humana conecta a la ciencia psicológica directamente con el estudio de la historia y la sociedad. La Sexta Tesis nos permite considerar que el psiquismo del ser humano es originado en la sociedad dividida en clases, por lo tanto, no es ni por asomo una estructura ahistórica, inmutable o natural, sino una producción sociohistóricamente determinada.

Con esta herramienta teórica, Marx ya mostraba lo que luego sería el error más común de la psicología burguesa, nos referimos a un enfoque que, pretendiendo abarcar la generalidad del ser humano, en realidad impone las concepciones, valores y características de un tipo humano particular, elevándolo a la categoría de universal. Marx realiza una crítica concreta de este sesgo cuando critica la estrechez de mira de Jeremy Bentham[17]y su utilitarismo. Respecto del autor

---

[16] LEONTIEV, Aleksei. Actividad, Conciencia, Personalidad., Ed. Pueblo y Educación - La Habana – Cuba (1981). Pág. 103

[17] Jeremy Bentham (1748 — 1832) fue un filósofo, economista, autor, escritor inglés, padre del utilitarismo, según el cual todo acto humano, norma o institución, deben ser juzgados según la utilidad que tienen.

de esta teoría afirma que *"con la más candorosa sequedad, toma al filisteo moderno, especialmente al filisteo inglés, como el hombre normal. Cuanto sea útil para este lamentable hombre normal y su mundo, ésta también útil de por sí."*[18] Toda psicología que no tenga anclaje en el materialismo histórico va a tropezar con la misma piedra: pretender darle carácter universal al psiquismo generado por la sociedad dividida en clases y más específicamente, tomar como modelo a las capas medias urbanas para naturalizar y universalizar sus rasgos. En palabras de Leontiev: *"la psicología burguesa hace pasar la conciencia del hombre de clase por eterna y universalmente humana, la representa como algo absoluto, sin atributos e 'insuperable'."*[19] Tenemos pues, de la mano de la crítica marxista, una imagen multidimensional del psiquismo, histórica, desprovista de los sesgos de las visiones clasistas de la burguesía. Una herramienta de trascendencia política en la medida en que nos permite animarnos a vislumbrar un tipo de psiquismo humano superador, el hombre nuevo y la mujer nueva.

Allí donde la psicología burguesa utiliza categorías eternas, el marxismo articula una concepción dialéctica de psiquis e historia. El pensador marxista francés Lucien Sève planteaba que: *"la historia humana aparece como un proceso de historia natural; sus actores son sin dudas los propios hombres, pero hombres*

---

[18] MARX, Karl. El capital. Tomo I. El proceso de acumulación del capital. Cap. XXII, sección séptima. Ed. Cartago. Buenos Aires (1965). Pág. 490

[19] Citado en BASSIN, Filipp. V. El problema del inconsciente. Ed. Granica. Buenos Aires (1973) Pág. 262

31

producidos en las relaciones sociales y por ellas, de las cuales, según la fórmula de El Capital 'el individuo es socialmente la criatura, haga lo que haga para librarse de ellas'[20] Somos producto de la historia y cuanto más concientes seamos de nuestra limitación histórica, más libres seremos. Entre voluntarismo y fatalismo Marx traza una línea dialéctica: *"Los hombres hacen su propia historia, pero no la hacen a su libre arbitrio, bajo circunstancias elegidas por ellos mismos, sino bajo aquellas circunstancias con que se encuentran directamente, que existen y les han sido legadas por el pasado."*[21]

La *fuente* del psiquismo está en el acervo cultural humano, que no es sino el resultado de la acumulación de la actividad de las generaciones que nos precedieron. El *medio* para la incorporación de esa cultura es la actividad.

La actividad intermedia entre la subjetividad y el resto del mundo, sea éste exterior (objetos u otros sujetos) o interior (cuando el sujeto toma como objeto de su atención a su propia subjetividad, a sí mismo). El ser humano refleja el mundo que lo rodea y su propio mundo interno a través de su actividad en el mismo proceso por el cual transforma ese mundo y su propia interioridad. El *medio natural* del psiquismo es la sociedad y el psiquismo es *actividad social internalizada*. Las diferencias de clase, basadas en la ubicación desigual en relación a la propiedad

---

[20] SÈVE, Lucien. Marxismo y Teoría de la personalidad. Ed. Amorrortu. Buenos Aires (1973). Pág.65

[21] MARX, Karl. El Dieciocho Brumario de Napoleón Bonaparte (1852). Fundación Federico Engels. Madrid (2003). Pág. 10

de los medios de producción, se expresan también en las diferencias en las posibilidades para el desarrollo multifacético de la subjetividad. Esto responde a las teorías burguesas que explican las diferencias de clases en base a características psíquicas, las cuales explicarían que unos *"productivos y vivos"* sean ricos mientras que otros serían pobres a causa de su propia *"vagancia y estupidez"*. El marxismo entronca la evolución psíquica en una historia y es en esa historia donde se van a encontrar las causas de los fenómenos humanos.

Es en la relación entre conciencia y lenguaje donde se ve claramente que el psiquismo individual es un producto de una praxis colectiva. Como lo plantea Leontiev: *"¿Qué es la conciencia? La conciencia es el conocimiento compartido, en el sentido de que la conciencia individual sólo puede darse si existe una conciencia social, una lengua, que sea su substrato real. En el proceso de producción material los hombres producen también su lengua, que les sirve no solamente como medio de comunicación, sino también como portadora de los valores socialmente creados fijados en ella."*[22]

Esta tesis del origen práctico y social de la conciencia tiene una vital importancia para comprender la filogénesis del género humano. Engels desarrolló este tema en su *"Antidühring"* y su *"Dialéctica de la Naturaleza"*, destacando el papel del trabajo en la conformación de la anatomía completa del género homo y en especial del cerebro humano, base material del psiquismo.

---

[22] LEONTIEV, Aleksei. Actividad, Conciencia, Personalidad. Ed. Pueblo y Educación - La Habana – Cuba (1981). Pág.79

Engels había previsto la que hoy es la hipótesis antropológica más plausible sobre el origen del género homo: la llamada *"East Side Story"*. Desarrollada en 1994 por Yvess Coppens, explica que el género humano nace en África en las condiciones generadas por los movimientos de la tectónica de placas, que produjo la fractura del Gran Valle del Rift. La cadena montañosa originada atrapó la humedad de los vientos. La sequía trajo un raleamiento de las frondosas selvas y con ello la necesidad de recurrir a la bipedestación. Este decisivo cambio permitió que las manos quedaran libres: el trabajo creador las moldeó en dialéctica vinculación con el desarrollo del cerebro, tal como el *"viejo evolucionista y positivista"* Engels preveía.

Del psiquismo animal al humano hay un salto, efectivamente. Marx planteaba esta diferencia cualitativa cuando expresaba que *"el hambre es hambre, pero el hambre que se satisface con carne cocida, comida con cuchillo y tenedor, es un hambre muy distinto de aquel que devora carne cruda con ayuda de manos, uñas y dientes."*[23] Las transiciones se van prefigurando en las especies más evolucionadas. Un animal que observa fijamente una presa, un orangután reconociéndose en un espejo, son tal vez el antecedente de la conciencia en la cadena evolutiva. Mientras los marxistas posmodernizados se arrastran pidiendo perdón por nuestro *"positivista pasado darwinista"*, la ciencia sigue avanzando en dirección de demostrar hasta qué punto nuestro cerebro es heredero del proceso evolutivo. Tal el caso de las investigaciones de Jaak Panksepp, demuestran que una gran

---

[23] MARX, Karl. Prólogo a la contribución de la crítica de la economía política. Editorial Siglo XXI (1980). Pág. 291

cantidad de las redes cerebrales humanas son homólogas a las que se encuentran en los mamíferos. Sobre esta base concluye que *"muchos de los aspectos fundacionales y constituyentes de la conciencia humana, y sus alteraciones, es probable que se presenten, de manera homóloga, en otros animales además de los humanos."*[24] El hardware cerebral humano fue modelado por la evolución natural y luego social, el software es producto de nuestra actividad concreta en un medio socializado.

El psiquismo humano surge del proceso evolutivo, generado a partir de una presión en la cual sobreviven las especies que mejor pueden procesar información del entorno para la supervivencia, configurando un salto cualitativo desde las formas de representación del reino animal. A diferencia de los animales, la conciencia humana demuestra una capacidad que supera a la de procesar información acerca del entorno, ya que también puede *predicar* algo, o sea, *pensar* o *decir* algo acerca de la información que está recibiendo. La conciencia significa un espacio en el que existe una diferenciación entre el mundo, entre las percepciones de ese mundo y el individuo que percibe. Ser autoconsciente significa saberse distinto del mundo reflejado. El ser humano no solo puede cambiar *de* o *el* entorno, cualidad que también tienen los animales, sino que puede *anticipar en su conciencia* lo que vendrá.

Michael Tomasello es codirector del *Instituto Max Planck de Antropología Evolutiva*, situado en Leipzig, ciudad que está

---

[24] PANKSEPP, Jaak. *Emotional endophenotypes in evolutionary psychiatry* (Agosto 2006). *Progress in neuro-psychopharmacology and biological psychiatry* 30(5):774-84.

ubicada en lo que era la socialista República Democrática Alemana. Tomasello hoy profundiza sobre estos temas al investigar los orígenes culturales de la cognición humana[25]. En este texto explica que a diferencia de los primates, el ser humano tiene *"atención compartida"*, esto es, atención que sostiene junto con otros miembros de su especie. Al mismo tiempo, atribuye al semejante *"intenciones"*, de manera que la voluntad de indicarle y enseñarle está implícita en el proceso atencional y le permite una capacidad de aprendizaje superior. En este marco, el acervo cultural actúa como *"efecto trinquete"*, impidiendo que se pierdan las adquisiciones de cada generación. Esto nos diferencia de los primates más desarrollados (chimpancés, bonobos), porque éstos aprenden por proximidad y no tienen una transmisión cultural que les permita *"guardar"* sus aprendizajes.

En resumen: conciencia implica la posibilidad de tener una posición subjetiva acerca de lo que se está observando, la capacidad de focalizar la atención en los procesos internos del psiquismo y es un sistema de procesamiento de información que permite una mejor capacidad de respuesta a la incertidumbre del entorno, dado que, además de permitir cambiar *el* o *de* entorno, como es el caso de los animales, la conciencia puede *anticipar* lo que vendrá y planificar idealmente respuestas complejas.

---

[25] TOMASELLO, Michael. Los orígenes culturales de la cognición humana. Ed. Amorrortu. Buenos Aires (2007)

El psiquismo es una función del cerebro

El cerebro es la base material del psiquismo donde se produce ese fenómeno inmaterial que es la conciencia; no la fuente del psiquismo que, como ya vimos, es el acervo cultural humano. Lo que es particular del método marxista para abordar la psicología y hoy es patrimonio de todas las teorías científicas, es la investigación de las funciones psíquicas en correlación con la investigación de la neuroanatomía, la neurofisiología y la neuropsicología. Por supuesto que no estamos planteando esta exigencia para cualquier investigación particular, pero cuando entendemos el desarrollo de la ciencia psicológica como empresa global, la interrelación entre campos verifica hipótesis.

Luria explicó el funcionamiento cerebral a través del localizacionismo dinámico: múltiples zonas cerebrales trabajan en conjunto para realizar hasta las más simples de las acciones. En estos niveles, la investigación observa el funcionamiento de neurotransmisores, actividades neuroeléctricas, funciones de núcleos neuronales, etc. Sin embargo, toda esta actividad está dirigida, conducida, puede ser explicada por lo que sucede en los niveles más complejos de la realidad, el movimiento social y psicológico. Al decir del psicólogo soviético Serguei Rubinstein: *"las leyes fisiológicas de la neurodinámica reciben en los fenómenos psíquicos una nueva forma, una forma original de manifestación que encuentra su expresión en las leyes de la psicología"*.[26]

---

[26] RUBINSTEIN, Serguei L., Problemas de teoría psicológica. Editorial Proteo. Buenos Aires (1965). Pág. 16

37

Sencillo y dialéctico. El marxismo es una certera guía epistemológica a la hora de armar el complejo rompecabezas en el cual se mete cualquiera que intente explicar qué significa esa aparentemente sencilla formulita que plantea al psiquismo como un hecho *"bio-psico-social"*. El materialismo dialéctico es un eficaz antídoto contra los reduccionismos.

La hegemonía psicoanalítica ha complicado el debate. Los prejuicios anti-neurología han dejado el campo orégano para que los neurólogos se ubiquen en el extremo opuesto. Dentro del amplio campo de las neuroimágenes, hay una que es particularmente gráfica. En condiciones experimentales, se le presenta droga a un adicto y se escanea el cerebro. Aparece claramente encendido el núcleo *accumbens*, el centro del placer ligado a los circuitos de recompensa, cuya función es activar conductas placenteras. Aquí es donde el efecto es presentado como causa: el neuroinvestigador reduccionista busca *dentro* de la zona cerebral la causa de tal fenómeno. No en el negocio del narcotráfico, en las redes de distribución organizadas y la millonariamente fomentada cultura de consumo de drogas que condicionaron que la persona termine en una adicción que finalmente *"enciende"* el núcleo *accumbens*.

El lenguaje como un producto de la praxis social

El posmodernismo fue enfático en su intento de recubrir al fenómeno del lenguaje de una pátina mística. Desde el marxismo, y con el apoyo de la investigación científica actual, el lenguaje es conceptualizado como un producto de la praxis social humana. El lenguaje aquilata en su estructura el acervo cultural, cada palabra es un acúmulo de praxis social humana y cambia, con su adquisición, toda la dinámica cerebral y psicológica.

"El lenguaje (decían Marx y Engels) es tan viejo como la conciencia: el lenguaje es la conciencia práctica, la conciencia real, que existe para los otros hombres y que, por tanto, comienza a existir para mí mismo; y el lenguaje nace, como la conciencia, de la necesidad, de los apremios del intercambio con los demás hombres"[27]

El lenguaje constituye un nexo con las sucesivas generaciones, se apoya en la historia de las sociedades humanas, que lo construyeron en base a una praxis. Dado que toda nuestra dinámica psíquica está semantizada, aún el acto de la conciencia humana que pudiera parecer más *"natural"* es un evento socialmente condicionado.

En el clima intelectual que impone el posmodernismo las palabras de los clásicos resuenan casi como una herejía. La posmodernidad, basándose en el psicoanálisis, se regodea en abstrusas teorizaciones acerca de la distancia que el lenguaje impone entre el mundo y el sujeto. Extremando el análisis marxista que observa cómo las palabras trafican concepciones ideológicas burguesas, los análisis posmodernos terminan mostrando al lenguaje como una moda, un capricho surgido de nuestro inconciente pulsional, nunca como una herramienta surgida de la práctica para conocer y transformar la realidad.

Es interesante constatar que en su tarea confusional no dudan en intentar *"posmodernear"* hasta los ejemplos más lapidarios.

---

[27] MARX, Karl, ENGELS, Friedrich. La ideología Alemana. Ediciones Pueblo Unido. Montevideo. Quinta Edición (1974). Pág. 31

Un excelente libro de Alexander Luria, *"Conciencia y Lenguaje"*, tiene un pasaje memorable:

"Es interesante señalar que el número de palabras que designan determinados colores es distinto en los distintos pueblos. En los pueblos del trópico (y de las zonas subtropicales) existe solo una palabra para designar el color blanco; en los idiomas de los pueblos de zonas frías, no menos de 10 – 12 palabras que designan diferentes matices del color blanco (el color de la nieve recién caída, el color de la nieve esponjosa, el color de la nieve a punto de derretir, etc.)"

Aquí hacemos un breve paréntesis. Hermoso e inspirador, pero ¿cuál es la conclusión que sacan los posmodernos de este relato, *hurtado* de un *"soviético dogmático"*? Que el lenguaje no refleja la realidad, que el mundo de los significantes nada tiene que ver con el mundo exterior, y una larga cadena de argumentos relativistas.

Volvamos a Luria y la continuidad de su cita:

"Es decir que la designación de los colores en el lenguaje está estrechamente ligada a la actividad práctica de las personas y reflejan aquellos rasgos de los matices del color que tienen para ellas una significación práctica. La dependencia de las unidades léxicas del lenguaje de la práctica social es evidente."[28]

Suerte tienen los posmodernos de apiñarse en las capas medias acomodadas de los ámbitos urbanos. En el Ártico, la diferencia entre *"nieve esponjosa"* y *"nieve a punto de derretir"* no es filosófica, sino la distancia entre la vida o la muerte.

---

[28] LURIA, Alexander. Conciencia y Lenguaje. Pablo del Río Editor. Madrid (1979). Pág. 105

Se entiende por otra parte por qué el capital concentrado ha convertido en éxitos editoriales las puerilidades posmodernas. El objetivo es atacar a la razón y la conciencia y efectivamente, la palabra es la *célula* de la conciencia. Destruido todo parámetro lógico, lo único que queda en pie es la sed de plusvalía como principio rector de la sociedad.

Luria y Leontiev desarrollaron la idea de la triple función del lenguaje: *referencia objetal*, o sea, la capacidad de hacer referencia a objetos; *significación social*, es decir, un conjunto de sentidos socialmente compartidos acerca de la palabra y *sentido personal*, esto es, la repercusión individual del significante en relación a la experiencia previa del sujeto. Leontiev, en su *"Actividad..."*, ubica a la lucha por las significaciones de las palabras en el marco de la lucha de clases: *"el individuo no se encuentra sencillamente 'parado' ante una cierta 'vitrina' de significaciones que en ella se exponen, entre las cuales a él le resta solamente hacer su elección; estas significaciones - representaciones, ideas, conceptos- no están esperando pacientemente a ser elegidos, sino que penetran en sus relaciones con las personas que conforman el círculo de su esfera de comunicaciones reales. Si el individuo se ve impelido a elegir ante determinadas condiciones de vida, su elección no es entre significaciones, sino entre posiciones sociales en conflicto, que se manifiestan y concientizan a través de estas significaciones."*[29]

---

[29] LEONTIEV, Aleksei. Actividad, Conciencia, Personalidad. Ed. Pueblo y Educación - La Habana – Cuba (1981). Pág. 127

Dialéctica entre conciencia social e individual

Ya vimos que el movimiento psíquico y el movimiento social surgen y se despliegan en unidad y diferencia. Son dos dinámicas que van de la mano: desarrollo del psiquismo en interrelación dialéctica con el avance tecnológico y las relaciones sociales de la sociedad en las que le toca vivir al ser humano. La psiquis tiene su fuente en relaciones que no tienen en sí la forma psicológica y lejos está el marxismo de las simplificaciones que reducen la construcción psíquica a la simple *"intersubjetividad"*, al margen de las clases y la historia. Cada sociedad tiene sus formas de la conciencia social. La lógica de la conciencia social es diferenciada de aquella que organiza la conciencia individual: no puede existir conciencia individual sin la conformación de una conciencia social y viceversa, la conciencia social no existe al margen de las conciencias individuales en las cuales encarna. Las conciencias individuales se conectan (a través de la praxis) de manera diversa, personal, con las formas de la conciencia social y ésta es la base de la individualidad.

Lucien Sève, al respecto planteaba: *"aunque es indudable que en las realidades sociales objetivas encontramos formas psicológicas- tales como las creencias y sentimientos sociales, las formas psicológicas de la conciencia de clase, etc.- esto de ningún modo se vincula con una capacidad que poseería la sociedad de tomar, originaria y misteriosamente, la forma psicológica sin pasar por el psiquismo de los individuos concretos sino, al contrario, con el hecho de que la forma psicológica del individuo concreto se proyecta, a su vez, sobre los datos sociales. Hay en esto un conjunto de determinaciones dialécticas recíprocas, donde es muy posible extraviarse si se pierde la brújula del*

42

materialismo histórico. Al parecer, suele creerse que el punto de vista de la prioridad radical de las formas sociales del psiquismo y de la conciencia sobre las formas individuales es materialista y marxista por excelencia. En realidad, quien se quede allí no sale del idealismo, por cuanto atribuye a la sociedad como tal forma psicológica, o sea que la psicologiza. Pues bien, si la esencia social de las formas psicológicas es independiente de los individuos, si las superestructuras e ideologías, al igual que las infraestructuras, son en esencia no psicológicas, esto quiere decir precisamente que el hecho de que ellas cobren también forma psicológica no es de origen social. Por paradójico que esto pueda parecer a un materialismo simplista, la idea de que la forma psicológica pasa de los individuos a la sociedad, y no a la inversa, es justamente la que expresa el punto de vista en verdad materialista: en su origen, no hay psiquismo fuera de los individuos concretos sino por medio de estos."[30]

En otras palabras, las formas de la conciencia social dependen en primer término de posiciones objetivas en la producción social, sobre las cuales se van desarrollando las *"pautas culturales"*. Estas relaciones objetivas no tienen la forma psicológica en sí, aunque estén en la esencia de la producción del psiquismo. El marxismo supera las visiones que reducen las relaciones sociales a la intersubjetividad y también nos resguarda de caer en la idea de fantasiosos inconcientes colectivos de los cuales el psiquismo individual sería una mera antena receptora.

---

[30] SÈVE, Lucien. Marxismo y Teoría de la personalidad. Ed. Amorrortu. Buenos Aires (1973). Págs. 237/238.

43

Esta visión simple pero profunda, nos sirve de base para aclarar un tema que suele aparecer como una sesuda derivación de teoría marxista: nos referimos a la identificación del fenómeno de la falsa conciencia con el del inconciente psíquico. La falsa conciencia es un fenómeno social que tiene bases materiales en las sociedades divididas en clases. El pensador conciente cree que sus ideas salen de su propia cabeza, gobernada por las leyes de la lógica, pero en realidad su pensamiento está guiado por una proyección de condiciones sociales. La falsa conciencia justifica entonces las condiciones sociales de un determinado momento sociohistórico. Desde la falsa conciencia se cree que el pensamiento gobierna el devenir social, pero es al revés, es el ser social el que determina la conciencia social.

Para que la falsa conciencia tenga algún tipo de vinculación con las formas psicológicas inconcientes , hay que suponer que en algún rincón del psiquismo del individuo que expresa esta falsa conciencia existiría el real conocimiento del rol que juegan las condiciones materiales de existencia en relación a sus intelectualizaciones, algo así como un marxismo inconciente que anidaría en nuestro interior. Por ejemplo, cabría considerar que los comentarios concientes de Aristóteles naturalizando la esclavitud esconderían un archivo inconciente donde el sabio griego tendría claramente explicitado que estaba pensando bajo el influjo de las condiciones materiales de su época. Es preciso discriminar este punto con el de las usinas de pensamiento imperialistas que han transformado el proceso de producción de ideología en un proceso cínicamente conciente, menos espontáneo de lo que era en la antigüedad. En este caso, tampoco aplicaría el paralelo falsa conciencia – inconciente psíquico, porque los productores de ideología saben perfectamente qué intereses ocultan.

En conclusión, el fenómeno de la falsa conciencia se descubre desde la perspectiva política revolucionaria. Este es un claro ejemplo en el cual observamos las transiciones dialécticas, no mecánicas, entre las condiciones materiales, la conciencia social y el psiquismo individual, en un sentido y en otro.

La psicología: campo de la lucha ideológica

Hasta aquí vamos marcando los campos de la lucha ideológica. En este punto se requiere de cierta precisión. Cuando hablamos de *"psicología burguesa"* y la contraponemos a la *"psicología marxista"* no lo hacemos desde la "teoría de las dos ciencias", según la cual los marxistas deberían negar todo saber que provenga de la burguesía por su *"contaminación de clase"*. Lo que tiene de *"burgués"* la psicología burguesa lo tiene de anticientífico. Por tanto, los avances científicos de las corrientes psicológicas provengan de la metrópolis capitalista que provengan, por supuesto que son bienvenidos. El saber científico no es ni burgués ni proletario, es verdadero en la medida en que refleja de manera cada vez más profunda la complejidad del objeto estudiado. Es nuestra tarea hacer que los avances sirvan a la causa revolucionaria. Cuanto más conocimiento incorporemos, seremos revolucionarios más efectivos.

Definir que cierta psicología es *"burguesa"* es tomar nota del hecho de que la labor científica, inevitablemente se articula con una dimensión ideológica, en los conceptos, las prácticas sociales a las que se vincula, las preguntas que se plantea y el modo en que lo hace. Por tanto es plenamente pertinente hablar de

45

psicología burguesa, tanto como hablar de una economía política burguesa. Esa ciencia que se presenta como *"imparcial"* y *"apolítica"* pero que presenta mistificaciones que buscan abstraer el psiquismo de la sociedad y la historia, y con esto, naturalizar el egoísmo y a la sociedad dividida en clases.

Todo marxista que dio el paso en falso teórico de intentar mixturar marxismo y psicoanálisis se vio cayendo en el pozo sin fin que lo lleva al país de las maravillas de categorías mágicas, escritas con mayúscula, indemostrables, inasibles, de repentina aparición y de carácter ahistórico. Una vez instaladas, su legalidad supera a aquellas descubiertas por Karl Marx, transformando a la ciencia social en un pantano subjetivista, so pretexto de *"incorporar la dimensión subjetiva en el análisis social"*. Un claro ejemplo es el del esfuerzo de Louis Althusser de ligar marxismo y psicoanálisis con su teoría de la *"sobredeterminación"*, según la cual, el devenir social estaría determinado a la vez por las estructuras de producción y por las estructuras inconcientes. Althusser se vio arrastrado por la ola *"antihumanista"* de los años '60 franceses, que postulaba la *"muerte del ser humano"*, la muerte del *"yo"*, que no era otra cosa que la negación de cualquier tipo de sustancialidad a la conciencia humana. Éste era en realidad era un tremendo ataque a la posibilidad de pensar racionalmente (y construir activamente) una sociedad mejor, una descalificación de la acción conciente militante, la cual, por otra parte, Althusser ejercía honestamente.

Esencia social vs. esencia pulsional del psiquismo humano

Freud no es el primer pensador que profundiza en el inconciente, pero sí ha logrado la primera posición histórica en la difusión

46

mundial de una técnica que lo aborda terapéuticamente. En su concepción el inconciente sería un *"hervidero de pulsiones"*. *"La doctrina de las pulsiones* –dice Freud- *es nuestra mitología, por así decir. Las pulsiones son seres míticos, grandiosos en su indeterminación."*[31] Estas pulsiones (eróticas y tanáticas) serían la versión humana de los instintos animales y determinarían desde el inconciente nuestra vida psíquica entera. Serían causas incausadas de todo el acontecer humano.

Suena interesante, misterioso, llamativo. En esto los esquemas simples superan a la ciencia que a veces puede ser un poco aburrida. El aprendizaje de la neuroanatomía y la neurofisiología, el estudio de las funciones psíquicas básicas, implica un largo proceso hasta que podamos sacarle un poco de jugo. *"Hervidero de pulsiones"* despierta un mundo de sensaciones.

Pero hay un *"pequeño"* detalle: categoría nuclear del andamiaje psicoanalítico, las pulsiones, que nos determinarían desde el fondo de nuestro inconciente, que explican nuestra indefectible escisión del mundo y de los semejantes, jamás han podido ser probadas.

Si nuestro interés es profundizar en la neurofisiología de la sexualidad tendríamos que investigar en una serie de hormonas, masculinas y femeninas que ejercen su influencia sobre nuestro comportamiento, por supuesto, siempre mediadas por nuestra personalidad, producto de todas las vivencias por las que hemos

---

[31] FREUD, Sigmund. Conferencia 32: Angustia y vida pulsional, Nuevas conferencias de introducción al psicoanálisis (1933 [1932]), OO.CC. Tomo XXII. Ed. Amorrortu. Buenos Aires (1991). Pág. 88

atravesado activamente. Para comprender nuestra dotación orgánica y su rol en la expresión de la agresividad en el ser humano vamos a encontrar pistas investigando los mecanismos de ataque – huida y su inscripción en nuestro hardware y en nuestro software, corporal y cerebral. También podemos investigar los neurotransmisores implicados en diversos procesos. Lo que dispara estas actitudes agresivas está en el plano psicológico, en el sistema de sentidos personales del individuo, excepto en los casos de lesión cerebral, en los cuales puede aparecer una conducta agresiva no causada por el contexto. Pero la agresividad siempre tendrá una causa que la dispare. Terapeutas novatos pueden considerar como *"efecto de pulsiones ínsitas"* alguna expresión de agresividad cuyo elevado monto haga difícil entender la relación al estímulo. Guiando al paciente en un exhaustivo análisis, se verifica el origen de estas aparentemente caprichosas respuestas en la carga traumática histórica. En todo este derrotero, no nos cruzaremos con ninguna pulsión. A menos que se pretenda hacer pasar estos circuitos anatómicos y mecanismos fisiológicos por las mitológicas pulsiones a las que Freud hacía mención.

Por cierto que la teoría pulsional no es inocua. Una vez definido el inconciente como un sistema cerrado, dependiente de pulsiones que vienen *"desde adentro"* del individuo, no tardarán en aparecer las consecuencias reflejadas en la actitud conservadora en lo político: el ser humano fue, es y será siempre lo mismo y eso determina que la sociedad siempre fue, es y será lo mismo. Los textos sociales que nos legó el padre del pensamiento psicoanalítico son claros al respecto.

En 1921 da a luz *"Psicología de las Masas y Análisis del Yo"*. Es un texto pensado con una cabeza política. Freud elige basarse en las ultrarreaccionarias teorías de Gustav Le Bon, para que, en contraste, sus visiones parecieran hasta casi progresistas. Metodológicamente, es endeble. Al punto que fundamenta lo que sucedería en una masa organizada que pierde la fe en el líder, no en ejemplos reales, sino en ficciones literarias. ¿Qué nos sucedería, según Freud, cuando somos parte de una masa? Para explicarlo, hace suyas las palabras de Le Bon: *"La desaparición de la personalidad individual consciente, la orientación de los pensamientos y los sentimientos en un mismo sentido, el predominio de la afectividad y de la vida psíquica inconsciente, la tendencia a la realización inmediata de las intenciones que puedan surgir (...). La masa se nos muestra, pues, como una resurrección de la horda primitiva."*. Quienes forman parte de un fenómeno masivo se ven *hipnotizados* por el caudillo[32].

Quien estas líneas escribe les puede garantizar a sus lectores, por experiencia propia, que se puede asistir a una movilización masiva sin caer necesariamente en estados hipnóticos, sin perder las facultades cognitivas ni ser poseído/a por el irrefrenable deseo de realizar linchamientos masivos, producto de un contagio primitivista. La historia demuestra que el

---

[32] Un simple ejemplo de cómo esta obra de Freud sirve a los escribas a sueldo para brindar una pátina de teoría científica a su tarea de denigración de las organizaciones populares puede ser obtenida en Internet: *"Editorial de Tenembaum: una lectura del acto de Cristina desde la obra de Freud"* (30/10/15) [en línea] [fecha de consulta: 05/11/2015]. Disponible en: http://radiocut.fm/audiocut/editorial-de-tenembaum-una-lectura-del-acto-de-cristina-desde-la-obra-de-freud/#f=cut&l=related

sostenimiento de un pueblo organizado es un producto de la actividad de muchas conciencias individuales en su nivel más elevado.

Demás está decir que en esta obra, como en toda la producción de Freud, las condiciones políticas, sociales y culturales, que mantienen los fenómenos de identificación y confianza en los liderazgos son solo escenarios donde actúan las pulsiones. Esto se puede ver en la contraposición entre el *primitivo* amor entre seguidores y hacia el líder en los fenómenos masivos y la *aparición tardía* del enamoramiento de pareja. El tráfico de conceptos, sugiriendo un sentido evolutivo, se vuelve en este ítem evidente.

Freud observa en el *"amor a la mujer"* la causa de la ruptura de los lazos colectivos. Con esto naturaliza con explicaciones psicológicas el hecho de que *"lo público y masivo"* es para los hombres y lo *"hogareño y familiar"* es para las mujeres. Una muestra más de cómo el artefacto teórico de Freud disfraza una naturalización del sexismo imperante en su tiempo.

Se argüirá desde el psicoanálisis que Freud da cuenta de elementos característicos de las masas como la relación liderazgo – masa en términos de confianza, influencia y hasta hipnosis, debemos agregar que aún en esas descripciones hay una exageración de origen ideológico. Sin embargo, el punto más débil no está en la descripción sino en la *explicación* de los mecanismos de funcionamiento psicológico. Si queremos superar el rol de opinólogos del capitalismo con el objetivo de prepararnos políticamente para construir una sociedad más humana debemos acudir a los más avanzados estudios. Una investigación sobre un público que escucha a predicadores sanadores, basada en imágenes cerebrales hechas con resonancia magnética, muestra que el público bajo influencia desconecta la red frontal (que se encarga de la atención, nos alerta y dirige las funciones ejecutivas) permitiendo que las palabras de los predicadores lleguen directamente a las amígdalas, cuerpos del cerebro medio donde se almacena la memoria emocional.[33] Esta investigación define campos de profundización que son la base de la última tecnología en influencia en las masas, aplicada en las campañas políticas por parte de la derecha. Es hora de que la izquierda abandone el estéril debate sobre el sexo de las masas, las pulsiones y las hordas primitivas.

"Psicología de las masas..." hace ideología, no investigación. Sus tesis son conceptos peyorativos sobre las construcciones masivas presentados como herramientas teóricas. Destila un liberalismo ingenuo que es el antecedente histórico del apoliticismo posmoderno. La razón de su consagración como obra excelsa no está en la calidad de sus fundamentos, sino en los servicios que presta a la burguesía en la lucha de clases.

En la etapa madura, Freud intentó derivar su teoría en una cosmovisión. *"El malestar en la cultura"*, obra publicada en 1930. Retoma apuntes del '21, año en que al parecer Freud estaba

---

[33] SCHJOEDT, Uffe, STØDKILDE-JØRGENSEN, Hans, GEERTZ, Armin W., LUND, Torben E. y ROEPSTORFF, Andreas. *The power of charisma— perceived charisma inhibits the frontal executive network of believers in intercessory prayer. Social cognitive and affective neuroscience* (Jan - 2011); 6(1): 119–127

particularmente interesado en la *"rebelión de las masas"*. En esta obra, las pulsiones agresivas son puestas en un lugar explicativo fundamental para determinar que el sistema de explotación será nuestra *eterna* y *natural* condena: *"el ser humano –dice Freud– no es un ser manso, amable, a lo sumo capaz de defenderse si lo atacan, sino que **es lícito atribuir a su dotación pulsional una buena cuota de agresividad** (n.d.a.: la negrita es nuestra). En consecuencia, el prójimo no es solamente un posible auxiliar y objeto sexual, sino una tentación para satisfacer en él la agresión, explotar su fuerza de trabajo sin resarcirlo, usarlo sexualmente sin su consentimiento, desposeerlo de su patrimonio, humillarlo, infligirle dolores, martirizarlo y asesinarlo. 'Homo homini lupus' (n.d.a. El hombre es el lobo del hombre): ¿quién, en vista de las experiencias de la vida y de la historia, osaría poner en entredicho tal apotegma?"*[34]

Cuánta tristeza anida en una teoría que no encuentra en la camaradería, en la lucha hombro a hombro, lo más bello de la vida, sino una rara desviación de nuestro pulsional malestar.

Tales son pues, las lógicas conclusiones que se extraen de la teoría pulsional de Freud, conclusiones que no son más que los prejuicios de la pequeña burguesía europea ante el avance de los pueblos.

Evolución del género homo o festín totémico

La variable del idealismo más difundida en la actualidad es la que se basa en las ideas psicoanalíticas de Sigmund Freud, que

---

[34] FREUD, Sigmund. El malestar en la cultura. OO.CC. Ed. Amorrortu. Buenos Aires (1991). Tomo XXI. Pág. 108

ubican al inconciente como la causa de la imposibilidad de contactar con la realidad. En su teoría las pulsiones inconcientes modelan nuestra percepción y nuestra acción al punto que el mundo humano histórico, aparece como un simple telón de fondo del eterno retorno donde se despliega la danza pulsional humana.

Pero para ello, Freud necesitaba imperiosamente escamotear el tema de la evolución del psiquismo. Según su obra *"Tótem y Tabú"* el psiquismo no se estructuraría a lo largo de millones de años en la relación con el entorno, sino por una pelea familiar. Ya hemos visto que Freud describía a las masas como una vuelta a la horda primitiva. Pues bien, en *"Tótem y Tabú"* escrito en 1913, es donde este concepto ya había tenido un papel central. El texto describe una mítica escena ancestral, en la que un macho dominante, el *protopadre*, expulsa al resto de los machos de la horda para poseer a todas las hembras. Estos machos expulsados vuelven, matan y se engullen al protopadre en un festín caníbal. En el momento en que terminan el último bocado, incorporan *"la ley del padre"* a través de la culpa, o sea, la prohibición de tener sexo con las hembras de la horda, lo cual los obliga a buscar pareja en la exogamia. Freud fundamenta así que en una sobremesa nació el psiquismo actual, escindido en una parte conciente y otra inconciente, a causa del llamado *"complejo de Edipo"*: la inhibición del deseo, que a partir de ese momento se vuelve inconciente, de poseer sexualmente al padre o a la madre, al que atribuye un carácter universal y estructurante del psiquismo. Las pulsiones sexuales inhibidas son según Freud, la base de la energía psíquica con la cual se genera la cultura humana.

Es un mito, lo reconocen, pero *un mito que funciona*, dicen los y las psicoanalistas. Freud no fundamenta, cuenta un cuento. Se inventa una moda políticamente correcta: a la soberbia exclusivista de la ciencia deberíamos añadir como otra fuente de conocimiento al *"saber mítico"*.

La entronización de *"Tótem y Tabú"* como escritura sagrada es la clausura del pensamiento. Ya no se puede siquiera reflexionar acerca de la relación entre expresiones culturales, evolución tecnológica, relaciones sociales y evolución cerebral de las culturas ancestrales. Freud lo dijo, no hace falta pensar más. El psiquismo actual habría surgido, para quien se integre a la grey analítica, en una tarde de digestión de un protopadre.

Posteriormente el psicoanálisis fue blindado en este punto por el pensador francés Jean Claude Levi Strauss, una pieza clave en la tarea de llevar la teoría freudiana al plano social.

Una vez que se aceptó que el psiquismo moderno nació en la tarde de digestión festiva del protopadre, el público receptor no tendrá mayores dificultades en asimilar los argumentos antropológicos de Levi Strauss. El esquema que siguió el autor francés fue 1) la prohibición del incesto se verifica en todas las sociedades, 2) esta prohibición explica que exista la cultura, la cual es producto de la *"sublimación"* de la energía pulsional sexual inhibida, y 3) dada la universalidad de la prohibición del incesto *"tiene que haber"* (ese es todo el argumento) un *"inconciente colectivo"* que estructure tal comportamiento[35]. El

---

[35] En esta línea, el freudomarxista Wilhem Reich creyó haber encontrado una correlación entre reacción política y represión sexual

andamiaje materialista histórico quedaba así perimido, *"lo nuevo"* era conceptualizar a las sociedades estructuradas en base a los deseos sexuales reprimidos de sus integrantes a causa de la prohibición del incesto.

Junto a esta teoría, Levi Strauss ha convocado el favor de la progresía por su teoría del relativismo cultural. Ésta fue vendida como un reconocimiento a la *"dignidad de los pueblos originarios"*, pero se trataba en realidad de un argumento relativista al servicio del imperialismo. Siguiendo los términos *Levi-Straussianos* se culmina en el posmodernismo: *"Chile con Salvador Allende, Chile con Pinochet: ¿qué sociedad es mejor?"*. Éste es un punto donde la ciencia adquiere un alto voltaje político. Aparecen las susceptibilidades, ¿quién o qué es menos evolucionado? ¿Se considerarán los *"más evolucionados"* una raza superior? Reflexionar acerca de un modelo de sociedad mejor y de una evolución del psiquismo humano implica adentrarse en terrenos pantanosos desde el punto de vista político e ideológico. Ya lo vimos, los guardianes del progresismo vetan cualquier posibilidad de pensar en términos evolutivos. Para ellos, la única alternativa por esa vía es la caída en el darwinismo social que plantea la supervivencia del más apto a expensas de las *"razas"* o *"clases"* que ocuparían el lugar de inferioridad, o bien en su aplicación concreta en la eugenesia nazi. Otra implicancia temida: ubicar en el lugar superior de la

---

social, idea que sostuvo en su obra *"La psicología de las masas del fascismo"*. La refutación histórica no podía ser más contundente, difícilmente podría fundamentarse que el progresivo relajamiento de las costumbres sexuales en la cultura occidental haya sido concomitante con algún cambio revolucionario.

55

evolución a las *"metrópolis capitalistas"* contra las culturas del *"tercer mundo"*. Sin embargo, es perfectamente entendible que *"más evolucionado"* pueda ser más humano, más humilde, más amigable con el medio ambiente. El atávico temor al avance del conocimiento, que mandó a Giordano Bruno a la hoguera, no es la respuesta. Es la propia observación científica la que demuestra que los animales de mayores capacidades cognitivas son los que tienen capacidades más finas de interrelacionarse socialmente, los que nos muestran que es la empatía y no el egoísmo la más compleja adquisición evolutiva. La confusión es producto de la instalación de un prejuicio ideológico como una moda políticamente correcta, que por cierto no es inocua. Si no hubo evolución psíquica en el pasado, tampoco tendríamos por qué pensarla hacia el futuro, permitiendo en ese mismo paso teórico naturalizar todas las particularidades del psiquismo del hombre y la mujer de la sociedad dividida en clases, hasta con sus clichés y prejuicios más evidentes, ocultando su determinación sociohistórica.

Pero tampoco es real que el pack de pensamiento progresista no venga con modelos a futuro. Contradictoriamente, quienes se bañan en relativismo, pueden al mismo tiempo defender a capa y espada la teoría del egoísta superhombre de Friedrich Nietzsche.

Hablemos claro, desde la revolución y la ciencia. La realidad natural es el medio donde se desplegó el proceso de selección sobre el cual se eleva un género animal al que hemos denominado homo, el cual inicia un nuevo camino evolutivo: el desarrollo de la conciencia. El psiquismo humano surge, pues, en el proceso de la selección natural y el género homo, con esta ventaja adaptativa, se despliega por el planeta entero.

Leontiev resume el camino evolutivo del psiquismo humano en el título de su obra maestra *"Actividad, Conciencia, Personalidad"*. Veamos. En los animales ya existe la *actividad*, pero aún es inconciente. La *conciencia* surge con la actividad humana y al duplicar idealmente el mundo permite la producción de herramientas, o sea, objetos diseñados para un fin mediato, que está en la mente de quien la fabrica. La complejización de la vida social conciente desarrolló la *personalidad*, es decir, la estructura relativamente estable de las principales motivaciones del individuo. El psiquismo humano suprime, contiene y supera todo ese desarrollo previo, el cual es condición para su surgimiento. En esta formulación vemos claramente expresada una prescripción metodológica fundamental de Karl Marx: el principio de ascensión de lo abstracto a lo concreto. Para analizar un sistema complejo hay que iniciar el estudio por la categoría más simple e indeterminada y ascender hasta las más complejas y multideterminadas. Tal es el camino que sigue Marx al escribir *El Capital*, iniciando su investigación en la célula básica del capitalismo: la mercancía. Leontiev, lo hace con la célula básica del psiquismo: la actividad. Lo histórico y lo lógico avanzan juntos en la explicación de la estructura interna del sistema, su funcionamiento y su evolución.

Es un salto que reconoce continuidades. La ciencia hoy puede describir las adquisiciones cognitivas relacionándolas con la aparición y despliegue de diferentes zonas cerebrales. Nos muestra así que los pre-frontales, las zonas que planifican, comandan y verifican la actividad humana son regiones típicamente humanas y que no existen en otro animal. La praxis humana, como vimos, construye la anatomía cerebral. En los pre-frontales se materializa el salto cualitativo a lo humano. Esto nos abre a un mundo de investigaciones y reflexiones interesantísimas, de las cuales los psicoanalistas quedan lamentablemente autoexcluidos.

El ataque posmoderno al concepto de evolución tiene un contexto profundamente político. Ciertamente no es funcional al capitalismo la idea de que el modo de producción basado en la explotación del y de la semejante es tan pasajero como los que lo antecedieron y que será reemplazado por otro superador. Los textos sociales de Freud, transformados en sentido común por los circuitos de transmisión del capitalismo, imposibilita pensar al psiquismo en términos evolutivos. Quien pretenda ser pensador moderno, actualizado, deconstruyente y descontracturado, quien pretenda tener un sillón en la academia, debe decir que la evolución forma parte del ideario decimonónico al que Marx adhería. Marx era *"evolucionista"* y por lo tanto *"positivista"*. Ser moderno y antidogmático es ser *"antievolucionista"*. Instalada la moda *políticamente correcta* muere la reflexión. No interesa el frondoso material probatorio que nos brinda tanto la historia de las especies como la historia humana, los discursos progresistoides se sustentan en su propia y narcisista repetición, apoyada en la voluminosa promoción editorial que brinda el capitalismo a las teorías que lo refrendan.

Aclaremos términos: ¿qué es más evolucionado, qué es menos evolucionado? Los posmodernos van y vienen como niños con zapatillas luminosas con esta pregunta, pretendiéndola sin respuesta. Sin embargo, la teoría de la complejidad ya ha generado las respuestas desde hace unas décadas. En primer término, un sistema es más evolucionado, desde el punto de vista *estructural* cuando su arquitectura es más compleja. Un ser humano es estructuralmente más complejo que una almeja y una almeja es más compleja que una ameba. Cuanto más compleja la estructura de un sistema más cantidad de bits de información requiere su modelización computacional. La complejidad, por lo tanto, se cuantifica en bits de información. Un sistema es más evolucionado, desde el punto de vista *funcional*, cuando puede procesar información de manera superior. Un vegetal codifica información a través de su ADN, un animal procesa información de manera inconciente y un ser humano procesa información de manera conciente. En definitiva, la evolución se mide por la capacidad que tiene un sistema de responder a la incertidumbre del medio manteniendo su identidad. Simple, claro. Dos conclusiones para sacudirnos la modorra posmoderna: a) *la evolución existe*. Dice el investigador Jorge Wagensberg: *"entre la emergencia de la primera bacteria y el nacimiento de William Shakespeare algo ha progresado, algo, de abajo a arriba, ha tenido que ocurrir."*[36] No somos nosotros, son los posmodernos quienes tendrían que explicar ese relativismo extremo que los lleva a negar la evidencia de que los sistemas dinámicos complejos evolucionan en nuestro planeta en un sentido de progresivo incremento de *eso* que entra dentro del debatido concepto de complejidad.

---

[36] WAGENSBERG, Jorge. La rebelión de las formas (o cómo perseverar cuando la incertidumbre aprieta). Ed. Tusquets. Barcelona (2005). Pág. 73

Desconocer el por qué del evento no niega la magna evidencia que sustenta su existencia. Pero no escatimaremos este tema, ¿por qué sucede la evolución? b) *la evolución tiene mecanismos científicamente abordables.* La evolución es un caso más de lo que los científicos de la complejidad denominan *propiedad emergente.* Un sistema tiene parámetros que actúan simultáneamente y generan nuevas propiedades que superan la acción individual de cada elemento. Tal el caso de las neuronas y la mente o las hormigas y el hormiguero. Esta propiedad emergente se expresa en las cambiantes condiciones de la tierra. Según lo plantea Jorge Wagensberg: *"si progresar es ganar independencia respecto de la incertidumbre del entorno, entonces... ¡Claro que hay líneas progresivas y regresivas! Cuando la incertidumbre aumenta, la complejidad de los sistemas tiende a evolucionar."*[37] Las evidencias son múltiples: la física de los mecanismos evolutivos han sido explicada por Ilya Prigogine en sus investigaciones acerca de los llamados sistemas disipativos[38], denominación que se emplea para designar a aquellas estructuras que se mantienen *"vivas"* disipando la entropía (el desorden) en el entorno y *"robando"* orden del medio.

---

[37] Ibíd. Pág. 118

[38] PRIGOGINE, Ilya. ¿Tan solo una ilusión? Una exploración del caos al orden. Ed. Tusquets (1993). En sus investigaciones Prigogine explica cómo orden-caos y necesidad-azar contribuyen a la evolución de los sistemas.

Intentando ridiculizar la idea de evolución de las sociedades los posmodernos indican que trafica una *"teleología"*[39], cierta idea de *"destino manifiesto"*. Pero esto más que una descalificación de la poderosa idea de la evolución es una clara evidencia del analfabetismo científico posmoderno. Los sistemas dinámicos complejos (concepto que incluye desde los ecosistemas, hasta las sociedades) evolucionan. Los pueblos despiertan en un complejo y contradictorio proceso: el paso del capitalismo al socialismo. Ningún gran revolucionario de la historia, ni Marx, ni Engels, ni Lenin, ni el Che, dudaban del futuro socialista de la humanidad, todos eran portadores una fe que no niega sino que *implica necesariamente* la actividad revolucionaria de las grandes masas populares. Una fe que observa las leyes del devenir histórico pero que al tiempo asume que esa legalidad solo puede manifestarse a través de seres humanos concretos que con su actividad las expresen. La negación de la existencia de las leyes de la historia hace retroceder al socialismo a la época utópica. El estudio histórico vuelve a la época de la recolección de anécdotas y a una reducción de las fuerzas motrices de la sociedad a un simple voluntarismo individualista[40].

---

[39] Cuando Antonio Gramsci critica la teleología, está respondiendo a quienes terminan transformando la fe en la victoria del socialismo en "causa de imbécil pasividad", pero jamás expresó ninguna duda en el triunfo final de los pueblos, ni renegó de la teoría de Marx.

[40] Ver por ejemplo: KOHAN, Néstor. Nuestro Marx [en línea]. [fecha de consulta: 05/11/2015]. Disponible en: http://www.rebelion.org/docs/98548.pdf. Este texto es un torturado esfuerzo por machacar al marxismo para hacerlo al gusto de los paladares posmodernos de la academia argentina.

Veamos ahora el tema del positivismo. El marxismo criticó esta corriente teórica por su creencia en la posibilidad de generar un mundo mejor en base al avance científico y al margen de la lucha de clases y más precisamente, por considerar a la ciencia como un elemento ajeno a esa lucha. El posmodernismo ataca al marxismo tildándolo de *"positivista"* por su pretensión de objetividad. Hay un deslizamiento de sentido: *"positivista"* para el posmodernismo, es todo discurso que se pretenda objetivo.

Las triquiñuelas irracionalistas son de corto vuelo. Luego de la impostada *"apertura"* a los *"distintos saberes y discursos"* el profesor psicoanalítico le descerraja por la cabeza al alumnado voluminosos textos de Freud en los cuales no faltan las más descabelladas apelaciones al carácter científico de sus descubrimientos y que deben ser repetidos al pie de la letra. Particularmente pretensiosos son los *matemas* lacanianos, especie de cálculos algebraicos que en lugar de números contienen las jerigonzas de Lacan y que se presentan como la explicación absoluta (y abstrusa) de todo lo humano. El mecanismo es muy parecido al de las exigencias en comercio exterior de los países centrales a los periféricos: desregulen sus barreras proteccionistas mientras nosotros las sostenemos. En este caso: desregulen sus convicciones científicas mientras nosotros mantenemos nuestra escolástica intacta.

Llegado a este punto vamos a señalar otra interesante coincidencia; los tópicos que ataca el posmodernismo, con su lánguida mirada de superioridad son exactamente los mismos que atacaban los oscurantistas religiosos: la ciencia y más específicamente, la teoría de la evolución. El posmodernismo es la continuidad de las hogueras del oscurantismo por otros métodos, a saber: los masivos cañoneos editoriales y los sutiles mecanismos *"democráticos"* para acaparar corporativamente todo cargo institucional a disposición.

El psiquismo humano, producto social, es una estructura que superó la selección natural gracias a su funcionalidad: procesar de la manera más eficiente la información necesaria para lidiar con la incertidumbre del entorno y garantizar la sobrevida. Desde aquí los discursos místicos se acaban y tomamos la senda del conocimiento científico. El devenir social histórico muestra el tortuoso, contradictorio, pero finalmente progresivo incremento en la capacidad de procesar información de los sistemas vivos en general y las sociedades como caso particular. Es el progresivo despertar del género humano que tiene su norte en la construcción a escala global de la sociedad socialista primero y comunista después, mientras el planeta siga sosteniendo condiciones para la existencia de vida.

Praxis social vs. teoría pulsional y complejo de Edipo

La teoría de las fases de la evolución de la libido y del complejo de Edipo es fundamental para el psicoanálisis; explica la estructuración del psiquismo. Ha producido ríos de tinta y horas de seminarios. Las fases de la evolución de la libido (etapas oral, anal, fálica, de latencia y genital y en ese marco, atravesamiento del Complejo de Edipo) es un tópico estudiado desde el secundario en las escuelas argentinas como si se tratase de las leyes de Newton. Freud plantea que la energía psíquica es una emanación que nos saldría de la boca, luego de la superficie perianal y posteriormente de nuestros genitales, según un prolijo orden. Ninguna duda les cabe a los y las psicoanalistas acerca de que la terquedad, el orden y la tendencia al ahorro son derivadas de la fijación en la etapa anal – retentiva (2 a 4 años). Tampoco aportan, ni creen que tengan que aportar, ninguna prueba al respecto.

Según lo define el Diccionario de Psicoanálisis (Laplanche y Pontalis), el Complejo de Edipo es el *"conjunto organizado de deseos amorosos y hostiles que el niño experimenta respecto de sus padres. En su forma llamada positiva, el complejo se presenta como en la historia de Edipo Rey: deseo de muerte del rival que es el personaje del mismo sexo y deseo sexual hacia el personaje del sexo opuesto. En su forma negativa, se presenta a la inversa: amor hacia el progenitor del mismo sexo y odio y celos hacia el progenitor del sexo opuesto (...). Los psicoanalistas han hecho de este complejo un eje de referencia fundamental de la psicopatología, intentando determinar, para cada tipo patológico, las modalidades de su planteamiento y resolución."*[41]

De manera inexorable, las fuerzas libidinales en nuestro interior nos harán desear sexualmente a un/a progenitor/a y, como contracara, desearle la muerte al/a la otro/a. El modo en que tal fenómeno suceda será la base para salir *"neuróticos"*, *"perversos"* o *"psicóticos"* de acuerdo a la terminología freudiana.

Esta estrechísima concepción familiarista ha sido intragable aún para algunos autores psicoanalistas. Gilles Deleuze y Felix Guattari en su *"Antiedipo"*, en 1972, criticaron en la teoría edípica de Freud su carencia total de horizonte social.

---

[41] LAPLANCHE, Jean, PONTALIS, Jean-Bertrand. Diccionario de Psicoanálisis. Ed. Paidos. Buenos Aires (2004). Págs. 61 y 62

Desde la teoría sociocultural, el profesor Ricardo Cardamone calificó a esta teoría de la evolución libidinal y el Complejo de Edipo con estos contundentes renglones:

"a) es metafísica, ya que afirma la inmutabilidad e inevitabilidad de sucesos psicológicos traumáticos en la ontogénesis del niño; b) es idealista, ya que afirma la existencia, movimiento y distribución de la 'energía psíquica' (libido) en el organismo humano; c) es pansexualista, ya que la motivación subyacente a todo acto del niño es atribuida a la consecución de placer entendido de manera prevalentemente sexual, y d) no tiene basamentos objetivos, ninguna investigación experimental, clínica y teórica de la psicología evolutiva científica ha confirmado tales hipótesis, antes bien demuestran exactamente lo contrario."[42]

No puede ser, se nos reprochará, que una concepción tan difundida, que forma ya parte de nuestra cultura, sea refutada en breves renglones, podría decirse que se trata casi de una falta de respeto. En definitiva, se trata de comprender que difusión no equivale a verificación. Si así fuera, los auténticos dueños de la llave del cielo serían los pastores religiosos de moda. Merece un párrafo especial el tema del *pansexualismo*. Al respecto un psicoanalista jamás debatirá, simplemente le pondrá el sayo de pacato o inhibido sexual a quien sostenga esa crítica. Pero eso es escamotear el debate. El psicoanálisis no dice solamente que *"la sexualidad es muy importante"* sino que lo que suceda con

---

[42] CARDAMONE, Ricardo. Temas de psicología, psicoterapia y neuropsicología. Un enfoque sociocultural. Ed. Biblos. Buenos Aires (1992). Pág. 114

nuestras zonas erógenas en los primeros y cómo resolvamos el Complejo de Edipo (el verdadero nódulo de la neurosis según Freud), es decir, lo que nos suceda en los primeros cinco o seis años de nuestra vida va a determinar todo el resto de manera *ineluctable*. En efecto, en las llamadas "series complementarias" teoría de la etiología de las neurosis, el rol del trauma en el esquema freudiano es puramente formal: es el de "tocar la puerta" para que aparezcan en acción las incomprobadas energías psíquicas inconcientes y Edipos universales. La clase social en la que nos tocó nacer y nuestra actividad vital, nuevamente, serían meros decorados de nuestras pulsiones. El psicoanálisis pondrá a la sexualidad en el centro de las motivaciones humanas. Si el objeto de la motivación no tiene que ver con la sexualidad, Freud interpretará que en realidad, se trata de *"tendencias sexuales coartadas en sus fines"* entendiéndose por *"sus fines"* la realización de un contacto sexual. Cuando observamos el despropósito de tal afirmación vemos que nada tienen que hacer aquí los deditos en alto exigiéndonos que discriminemos entre *"sexualidad"* y *"genitalidad"*.

El comunista peruano José Carlos Mariátegui afirmaba que el psicoanálisis era acusado de pansexualismo de la misma manera que el marxismo es acusado de paneconomicismo[43]. Podría argüirse que el alegato del Amauta a favor de la teoría sexual de Freud nos eximiría de ulteriores debates. Sin embargo, extraer la

---

[43] MARIÁTEGUI, José Carlos. En defensa del marxismo (1934). CEME. Centro de Estudios Miguel Enríquez [en línea] [fecha de consulta: 31/10/2015]. Disponible en: https://docs.google.com/file/d/0B5LvcFo6F8zsZjFtaWllaW9wWHM/edit

veracidad de la teoría de Freud de la creencia que Mariátegui le profesaba es volver al principio de autoridad medieval. Mariátegui creía en las potencialidades del psicoanálisis cuando esta teoría estaba en la cresta de la ola. Pero nadie le exigiría una erudición en el tema ni él aporta ningún fundamento, simplemente hace una comparación.

La psicología marxista da a la práctica humana, socializada, el rol central en la estructuración del psiquismo, aún nuestra sexualidad, con sus posibles síntomas y disfuncionalidades, es profundamente social. La actividad intermedia las relaciones del psiquismo y es en la actividad vital donde se desarrolla en un sentido humano, egoísta, perverso o sublime. Los primeros años de vida son fundamentales, pero todo lo que nos va sucediendo y cómo vamos respondiendo nos va formando como los seres humanos que somos.

La fiesta teórica pansexualista freudiana se muestra a sí misma como una evidencia de *"apertura mental"*. Sin embargo se convirtió en un prejuicio obturador. Por ejemplo, la teoría de los sueños como realización de un deseo y sobre todo de un deseo sexual terminó en absurdas interpretaciones que dieron dolores de cabeza al mismo Freud. La investigación muestra que la mayoría de los sueños son acerca de situaciones problemáticas y agresiones. Tal característica tiene un sentido en la evolución de las especies: permite experimentar una amenaza en un contexto seguro.[44] Pero hay mucho más: en una fase del sueño llamada

---

[44] REVONSUO, Antii. The reinterpretation of dreams. An evolutionary hypothesis of the function of dreaming. (2000). Behavioral and Brain. Sciences. 23:877

REM (Rapid Eyes Movement – movimiento rápido de ojos) nuestros sueños tienen un carácter emotivo vívido, cuanto más rápido es el movimiento ocular más tensión emotiva vive el/la soñante. Las actuales hipótesis plantean horizontes mucho más interesantes que las gastadas interpretaciones de quienes ven en toda vasija una vagina, en todo cigarro un pene. El sueño REM tiene la función de reacomodar nuestros archivos de memoria del hipocampo, en el cerebro medio, hacia la corteza cerebral.[45] Esto en términos clínicos significa que el sueño sería una *"psicoterapia endógena"* que nos permitiría procesar emocionalmente nuestras experiencias traumáticas, tal como lo demuestra la evidencia de que, luego de un accidente, repetimos en nuestros sueños la escena primero de forma vívida y conectándose con material de contenido similar, para luego disminuir en intensidad con el tiempo.[46] Además, el sueño sirve para que el cerebro pueda deshacerse de las asociaciones espurias y así olvidamos lo intrascendente.[47]

La teoría pulsional y el Complejo de Edipo parecerían solo simpáticas leyendas urbanas que ofician de religión de las clases

---

[45] STICKGOLD, Robert,.HOBSON, J.A., FOSEE, R., and FOSEE, M. Sleep, learning, and dreams: Off-line memory reprocessing. (2001). Science 294: 1052-1057.
[46] HARTMANN Ernest. Dreams and nightmares: the new theory of the origin and meaning of dreams. (2001) Perseus. Estas evidencias dan base a una terapia de última generación a la que nos referiremos más adelante: EMDR. En esta técnica, el movimiento ocular, al igual que en lós sueños, es la base del procesamiento de los traumas.
[47] CRICK Francis y MITCHISON Greame. The function of dream sleep. (1983) Nature, 304: 111-114

medias instruidas, pero más allá de obturar el avance científico, arrojan consecuencias teóricas infames.

Tal el caso de las conclusiones misóginas que extrae Freud del *pasaje femenino por el Complejo de Edipo*. Según fundamenta en *"algunas consecuencias psíquicas de la diferencia anatómica entre los sexos"* las niñas se verán atravesadas por una instancia inevitable e inexorable denominada *"Envidia del Pene"* que será *estructuralmente*, la causa de sus sentimientos de inferioridad. Para pertenecer a la grey, el o la psicoanalista debe evitar reflexionar sobre la incidencia de la educación machista de las familias de las capas medias vienesas de principios del siglo XX en eso que Freud denominó con mayúscula *"Envidia del Pene"*. Asimismo, el Complejo de Edipo se resuelve cuando el niño internaliza el *"Terror a la Castración"* de su pene, el psiquismo escinde los deseos sexuales hacia la madre y nace el famoso *"superyo"*, la instancia que se constituye con la internalización de las pautas morales. Freud *"descubre"* que el superyo de las niñas va a ser menos firme que en los varoncitos por no tener un miembro viril que pueda ser castrado.[48] Por toda respuesta pensemos, por ejemplo, en el testimonio vital de Juana Azurduy, Rosa Luxemburg o de Tania *"la guerrillera"*. También pensemos en las mujeres analistas que tienen que besar el amargo cáliz de una teoría que postula la indefectible inferioridad de su *"superyo"*.

---

[48] FREUD, Sigmund. Algunas consecuencias psíquicas de las diferencias anatómicas de los sexos (1925). Obras Completas. Ed. Amorrortu (1976).Vol. XIX Buenos Aires.

Particularmente perniciosa y obturante es la interpretación freudiana de la psicosis como producto de una forma particular de salida del Complejo de Edipo. Según esta interpretación, lo reprimido vuelve como algo externo, como delirio (pensamiento irracional irreductible al razonamiento) y alucinación (percepción sin objeto).

Nada ha podido aportar el psicoanálisis al tratamiento de este grave espectro de trastornos psíquicos. En los casos más graves, como la esquizofrenia, están claramente documentadas anomalías de la anatomía y/o fisiología cerebral que están en la base de esta patología. Muchas madres de pacientes psicóticos/as fueron *"terapéuticamente"* castigadas con el diagnóstico de *"madres esquizofrenizantes"*, soltado a la ligera por quienes se consideran *"profesionales de la salud"*.

La madre de todas las batallas: la histórica lucha entre materialismo e idealismo

Marx y Engels dieron suma importancia al debate gnoseológico acerca de la posibilidad de conocer el mundo, porque vieron en esto la posibilidad de transformarlo. La teoría del conocimiento rápidamente deriva en una hipótesis acerca del psiquismo, ya que conocemos con nuestra humana y limitada (en términos sociohistóricos) mente. El psiquismo puede, en extremo, ser dos cosas: o bien un proyector que ilumina sobre la pantalla en blanco de una realidad que no existe o un reflejo inerte. Los extremos –proyector o reflejo inerte- corresponden al solipsismo (solo existo yo) y al materialismo vulgar (el mundo se imprime en nuestra mente sin intermediación). Ambos extremos son fácilmente rebatibles, el desafío es definir qué significa estar entre uno y otro. El marxismo es materialista, reconoce la primacía de la realidad objetiva y como toda teoría progresista, plantea que esta es cognoscible y transformable.

El psicoanálisis de Freud asume al respecto una postura subjetivista basada en un inconciente que, explicado como la sede desde la cual emanan pulsiones filogenéticamente heredadas por el individuo aislado, impide el contacto con la realidad.

Lenin planteaba que la crítica dialéctica no debía simplemente rechazar las opiniones, sino que las debía corregir, profundizándolas, generalizándolas, mostrando la conexión y las transiciones de todos y cada uno de los conceptos.[49] Luego plantea que idealismo filosófico solo es un absurdo desde el punto de vista del materialismo grosero, elemental y metafísico.[50] Una crítica dialéctica debe implicar una explicación de las condiciones por las cuales se cae en el idealismo. Freud observó el inconciente de la vida cotidiana, como en el caso de los actos fallidos o la interpretación de los sueños. Sin embargo, la teoría del conocimiento psicoanalítica, con su preeminencia del inconciente se deriva, a nuestro entender, de la profunda impresión que le generaron los hallazgos de su práctica terapéutica, en la cual atendía a pacientes con graves psicopatologías. Un psiquismo dañado por el trauma luego de haber sobrevivido a situaciones de horror extremo, puede

---

[49] LENIN. Cuadernos Filosóficos. Resumen de la 'Ciencia de la Lógica' Ed. Progreso. Moscú, OO.CC. Tomo XXIX (1986). Págs. 158 y 159
[50] LENIN. Cuadernos Filosóficos. Sobre el problema de la Dialéctica. Ed. Progreso. Moscú, OO.CC. Tomo XXIX (1986). Pág. 327

proyectar imágenes de personas que no están, o situaciones del pasado (*flashbacks*) o bien puede apagarse, como en los fenómenos de blancos de memoria y en estados confusionales. No escapó Freud, como le sucedió a tantos que se adentraron en un nuevo campo de investigación, a la tendencia a hipostasiar el nuevo rasgo descubierto de su objeto de conocimiento, abultándolo hasta transformarlo en un universal absoluto.

Por esta vía Freud da preeminencia al inconciente, frente al cual la conciencia es una *"pobre cosa"*, siguiendo el camino de Nietzsche, quien definía a la conciencia como un *"velo sutil"*, teoría reaccionaria y anticientífica que abona a las hipótesis idealistas y posmodernas que promueven un individualismo extremo. La crítica irracionalista a la conciencia solo ha abonado al fortalecimiento de la idea del mercado como rector (cruel y sanguinario) de la vida social.

Reflejo activo significa reflejo construido en un medio sociocultural que organiza nuestra percepción y acción en modelos determinados por el desarrollo de la sociedad, sus contradicciones de clase y en ese marco por nuestras experiencias personales. En un contradictorio proceso el ser humano desarrolló sus modelos desde las tribus de cazadores recolectores, comunicándose con sonidos guturales, hasta los actuales niveles culturales, con idiomas que pueden abarcar un amplio espectro de conceptos con niveles cada vez más altos de abstracción. En esta *selección cultural*, los modelos más eficientes tendrán mayor adaptabilidad.

Lenin fue un visionario. Entendió el debate ideológico en el campo del reflejo como una colina estratégica para la revolución.

En 1908, arreciaba en Rusia la contrarrevolución. Las fuerzas de la explosión revolucionaria de 1905 se habían apagado. Los cuadros del partido empiezan a ser permeados por las tesis empiriocriticistas, que afirmaban que no conocemos el mundo sino solo nuestras propias sensaciones. En ese contexto, Lenin se dedica a escribir *"Materialismo y Empiriocriticismo"*, obra en la cual critica el relativismo en materia de conocimiento que estaba influyendo a los cuadros del partido bolchevique. Lenin sabía que esta avanzada del relativismo significaba la victoria en el campo ideológico del enemigo de clase *y que esa era la victoria que a la contrarrevolución más le interesaba*. Con el término empiriocriticismo se aludía a la crítica sobre nuestras percepciones. Tal era el ítem sobre el cual los psicólogos debatían a principios de siglo.

Los posmodernos en realidad no inventaron la pólvora, sino que atacaron adaptando su discurso a los nuevos campos de interés en psicología con un sistema ultraintrincado de jerigonzas, logrando el centro teórico por décadas, en parte también, por la carencia de un Lenin que pudiera contrarrestarlos. Habiendo tomado cuenta de lo decisivo de esta batalla, en plena guerra mundial, entre 1914 y 1915, Lenin se dedicó a dejarnos un proyecto de investigación en sus Cuadernos Filosóficos, donde plantea que la teoría del conocimiento revolucionaria y la dialéctica deben construirse en base a una serie de saberes, entre los cuales destaca *"historia de las distintas ciencias, del desarrollo mental del niño, del animal, del LENGUAJE (NB: + psicología + fisiología de los órganos de los sentidos)"*.[51] Cuánta

---

[51]LENIN. Cuadernos Filosóficos. Lasalle: 'la filosofía de Heráclito, el Oscuro de Éfeso.' Ed. Progreso. Moscú, OO.CC. Tomo XXIX (1986). Pág. 318

razón tenía y cuánto más aprendió el imperialismo: *"cuiden este flanco (parece decirnos) porque acá es donde nos van a descalabrar"*. Recapitulemos y veamos la amplitud de la jugada: en *historia de la ciencia*, profesores universitarios que jamás llevarían a un hijo enfermo a un chamán nos grabaron a fuego la teoría de los paradigmas de Kuhn, que niega el avance científico, postulando que la ciencia normal es una serie de modas generadas por el simple consenso intersubjetivo de los científicos. Para obturar la posibilidad de reflexionar sobre el *desarrollo mental del niño*, incorporaron la incomprobada teoría de las *"etapas de la libido"*, donde el mundo exterior es un simple escenario del cambio de preeminencia de nuestros centros de placer corporales. Si hablamos de investigar el *comportamiento de las especies animales*, los prejuicios nos ubicarán automáticamente en el lugar de positivistas. En torno al *lenguaje* han vertido hectolitros de tinta para enseñarnos que los significantes son una estructura ajena a eso que se llamaría realidad. *Psicología*, idealismo psicoanalítico, *fisiología de los sentidos*: obviamente, seremos positivistas. Sellado el frente teórico, los pueblos quedan totalmente desarmados frente a un imperialismo codicioso y asesino que hace uso de los últimos adelantos en psicología para llevar adelante su guerra psicológica de rapiña.

El difícil arte de debatir con un psicoanalista

En la lucha por el socialismo es preciso comprender que la construcción popular debe ser plural, cualquier sectarismo es destructivo. Y los revolucionarios pueden tener bases ideológicas de lo más diversas y no faltan los ejemplos de erudición ideológica no acompañada de una actitud consecuente o viceversa, de revolucionarios con ideologías de lo más alejado de la ortodoxia. Ideología y política, teoría y práctica no siguen una línea recta, el proceso revolucionario tiene marcadas contradicciones, la historia es suficientemente gráfica al respecto. Ahora bien, las revoluciones socialistas no se comportan como los fogones, donde el canto colectivo solo requiere de *"una que sepamos todos"*. Solo cuando la teoría revolucionaria sea despejada de las rémoras especulativas se puede desarrollar un pensamiento efectivo para la causa de la liberación de los pueblos.

En su época, en las primeras décadas del siglo XX el psicoanálisis fue un avance. Basta mencionar la vigencia de algunos aspectos de los escritos técnicos de Freud. En estos textos describe la *transferencia*, el especial vínculo del/de la paciente hacia el/la psicólogo/a, y *contratransferencia* a las reacciones de éste/a con su paciente. Haber operacionalizado estos conceptos en una técnica específica permitió el desarrollo de la psicoterapia como una práctica global para indagar el inconciente. Pero cuando un gran éxito convierte a una teoría en una religión, el logro se transforma en fracaso.

La rigidez se paga. Hoy el psicoanálisis está en lenta retirada en el mundo entero. Obviamente, al no seguir la línea del avance del conocimiento humano, la elección de refugiarse en escolásticas esnobistas tiene sus efectos. Las necesidades concretas van dejando en el pasado *"el ritual iniciado en Viena"* ante la palmaria carencia de resultados y la necesidad de respuestas eficientes.

Es llamativo el contraste entre la autoimagen de apertura mental con la que se identifican los y las psicoanalistas y su realidad de dogmatismo cerril. Quien pretenda intentar siquiera confrontar argumentos con un/a analista, deberá resignarse a terminar siendo ubicado en el cluster mental *"normalizador conductista torturador de pacientes, representante de la ideología de la derecha conservadora norteamericana"* o bien *"representante del poder psiquiátrico medicalizador aliado a los laboratorios"*. Este último es uno de los casos hechos a la medida de la frase *dime de qué te jactas y te diré de qué careces*: el psicoanálisis que sostiene a los y las pacientes en el sufrimiento psíquico al no brindarles una técnica eficaz es el mejor aliado de la industria farmacéutica.

El psicoanálisis ataca como saber absoluto e incontestable, pero se defiende como opinión personal. Quien se embarque en la empresa de razonar con un/a psicoanalista debe saber que tendrá enfrente un/a interlocutor/a que se angustiará o permanecerá impertérrito/a, pero que siempre se negará a tomar en consideración sus razonamientos. Replantearse cualquier argumento del psicoanálisis transforma al interlocutor en un *"represor"* o en un *"reprimido"*[52]. No merecerá

---

[52] Es comprensible que cualquier lector a esta altura considere que estamos dejándonos caer en el insalvable pozo de la exageración calumniosa. Veamos la respuesta de Andrés Rascovsky en 2010, por entonces presidente de la Asociación Psicoanalítica Argentina, al epistemólogo Mario Bunge, crítico certero del psicoanálisis: *"por supuesto que Bunge puede opinar lo que quiera, pero se nota que en este caso hay un obstáculo personal y conflictivo contra el psicoanálisis, que seguramente tiene que ver con su historia, y que el psicoanálisis mismo lo podría resolver"*. Diario Perfil: *"Los psicólogos le contestan a*

consideración por su condición de *"poco informado"*, la que abarca a cualquier persona que no se haya hecho analizar durante diez años y no haya asistido a seminarios de formación durante cinco. Es preciso comprender también que cuando una práctica se institucionaliza tiene la capacidad de generar efectos identificatorios que van más allá de lo racional. Compañeros y compañeras que recibieron una ayuda terapéutica en un espacio psicoanalítico, pudieron hablar, se sintieron mejor y generaron una adhesión afectiva que precedió a toda asimilación teórica y que está blindada a cualquier evidencia en contra.

Tal vez, la posibilidad de acceder a un nuevo enfoque, una nueva perspectiva tanto en la atención de las personas que sufren malestares psicológicos como en las prácticas educativas y políticas, pueda ser una motivación para generar un estado de apertura mental hacia saberes de reciente adquisición.

Francia y Argentina son los últimos y asediados reductos del psicoanálisis. Los otrora jóvenes renovadores rebeldes se convierten en los más oscuros y avinagrados guardianes de la fe, aferrados a sus puestos institucionales y añorando tiempos pasados.

Jacques Van Rillaer fue un eminente psicoanalista que abandonó ese rumbo y se volvió un *"desconvertido"*. Su erudición sobre el tema es monumental y para ajustar cuentas con su pasado escribió *"Las ilusiones del psicoanálisis"*, donde deshilvana las

---

Mario Bunge" (20/05/2010). [en línea] [fecha de consulta: 31/10/2015]. Disponible en: http://www.perfil.com/ciencia/Los-psicologos-le-contestan-a-Mario-Bunge-20100520-0028.html

tácticas discursivas de los psicoanalistas. También participó de la redacción de *"El libro negro del psicoanálisis"*. En *"Las Ilusiones…"*, Van Rillaer resalta: "los psicoanalistas siguen habitualmente el principio que Freud le recuerda a Abraham[53] en los términos siguientes: *'Hay que tratar a la gente como a los enfermos en análisis; con calma soberana, no hay que prestar atención a los no, seguir exponiendo el objeto, pero sin decirles nada de aquello que una resistencia demasiado grande les haría alejarse'* (12-11-1908)."[54]

Dado que el diálogo con el seguidor del psicoanálisis se establece con un iniciado en una doctrina dogmática, no existen parámetros para encauzar un debate con algún sentido. *"Para el psicoanalista cuestionado –dice Van Rillaer–, el 'verdadero' psicoanálisis está siempre en otra parte. Sea cual sea la contradicción que se refiera a un texto preciso o a una situación concreta, el discípulo de Freud replica que el psicoanálisis es de hecho 'algo totalmente distinto'. Si lo que se critica es un libro que pertenece a la primera mitad de la obra de Freud, el devoto responde diciendo que el pensamiento freudiano no ha llegado ahí todavía a su madurez; si lo que se cita es un texto de la segunda mitad de la obra, entonces declara que Freud se hacía viejo y que la mejor manera de respetar su genio consiste en ignorar esas cosas de orden secundario. Y por añadidura, la*

---

[53] Karl Abraham (1877 - 1925) psicoanalista alemán, uno de los primeros discípulos de Sigmund Freud, con quien mantuvo correspondencia. En una ocasión Freud se refirió a él como *"mi mejor alumno"*.
[54] Citado en VAN RILLAER, Jacques. Las Ilusiones del Psicoanálisis. Ed. Ariel. Barcelona (1985). Pág. 48

referencia a Freud puede ser recusada en favor de los desarrollos post-freudianos. El analista protesta: 'Es que ya no estamos en eso'. Pero sí al objetor se le ocurre escrutar un texto reciente, al hijo espiritual de Freud le oiremos hablar de 'degradación teórica' en relación con la pureza originaria. Y finalmente el psicoanalista puede hacer frente a cualquier objeción replicando con aires de esfinge o con una sonrisa burlona, que se ha pasado por alto lo 'esencial'. El, que acostumbra a tomar las palabras de los demás al pie de la letra, responde sin cesar: '¡pero no es eso lo que Freud quiso decir!'. A fuerza de estar siempre 'en otro lugar', uno tiene la impresión de que el psicoanálisis no está en ninguna parte..." [55]

La argumentación científica deja lugar a la mera especulación *"Lo único que decide conceder prioridad a los escritos de Freud (o de M. Klein, o de Lacan) por encima de los de otros psicoanalistas (Groddeck, Rank, Ferenczi, Steke, etc.) son los argumentos de autoridad y la moda."* [56]

Posando de democrático, el psicoanálisis argumenta con el medieval principio de autoridad, el *"magister dixit"* vuelve de la mano de Sigmund Freud, tal como lo destaca Van Rillaer: *"el padre fundador declaró, en el artículo en el que da explicaciones a propósito de las defecciones de Jung y de Adler que 'nadie está en disposición de saber mejor que yo qué es el psicoanálisis'".* [57]

---

[55] VAN RILLAER, Jacques. Las Ilusiones del Psicoanálisis. Ed. Ariel. Barcelona (1985). Pág. 49
[56] Ibíd. Pág. 50
[57] Ibíd. Pág. 50

Pero, más allá de nuestro modesto esfuerzo de desenmascaramiento, diremos que *a confesión de parte relevo de pruebas*. El 26 de febrero de 1977, Jacques Lacan, en una conferencia en Bruselas *"se quiebra"* y expone: *"nuestra práctica es una estafa, fanfarronear, hacer pestañear a la gente, deslumbrarla con palabras rebuscadas, es lo que habitualmente llamamos 'rebuscado'. (...) Desde el punto de vista ético, es insostenible nuestra profesión; es por eso que me enferma, porque tengo un superyo como todo el mundo."*[58]

Profanando los *"sancta sanctorum"* del psicoanálisis

El psicoanálisis institucional reclamó para sí durante décadas la exclusividad en relación al conocimiento del inconciente humano y como consecuencia de esto, el mérito de haber desarrollado la única técnica psicoterapéutica digna de ser considerada como tal. En tales autoatribuidos logros se basan los seguidores de Freud para evitar mayores deserciones. Es sabido que una fuerza que ya no avanza y solo se concentra en evitar fugas tiene el destino marcado. Pero aún estos bastiones ya han sido irremediablemente perdidos en manos del pensamiento científico.

---

[58] Citado en VAN RILLER, Jacques. *La nouvelle gestion de soi: Ce quìl faut faire pour vivre mieux.* Ed. Mardaga (2012). Extraído de la publicación en *Quatro, Supplément belge à La leerte mensuelle de l'École de la cause freudienne*, 1981. Reeditado en *Le Nouvelle Observateur*, sept. 1981, Nº 880, pág. 88.

El inconciente

En realidad, el psicoanálisis construye muñecos de paja, esquematizaciones burdas con las que luego debate. En ese empeño, reclama la exclusividad del conocimiento del inconciente y difunde una idea deformada de la psicología marxista. Sin embargo, los psicólogos soviéticos ya venían investigando este fenómeno. Mencionaremos los trabajos científicos entre otros de Filipp Bassin, cuya obra *"El Problema del Inconsciente"* fue traída a la Argentina y publicada por la psicoanalista revolucionaria Marie Langer[59], luego de una visita que realizaron psicólogos/as y psiquiatras argentinos/as a la Unión Soviética en 1971. La actitud de Marie Langer demuestra una apertura muy superior a la de la mayoría de los psicoanalistas.

Un enfoque científico del inconciente requiere partir de un análisis del desarrollo evolutivo de los sistemas vivos en nuestro planeta. En el reino animal el procesamiento inconciente de la información permite captar información del entorno y la ejecución de actividades para la supervivencia. El pez que no percibía a su depredador, hace tiempo dejó de reproducirse.

---

[59] Marie Langer o Marie Lizbeth Glas Hauser, nació en Viena (1910 – 1987). Participó de las Brigadas Internacionales en España, en la Guerra Civil, luchando contra el fascismo. En 1942 fue fundadora de la Asociación Psicoanalítica Argentina y, tiempo después, su presidenta. En 1969, junto con otros colegas, se separó de esta Asociación a causa de la rigidez de sus estructuras. Tuvo que exiliarse en México en 1974 amenazada por la Alianza Anticomunista Argentina y fue una dura crítica del apoliticismo lacaniano en la dictadura.

Pero aunque la conciencia es una adquisición que brindó una ventaja adaptativa al género homo, una parte del psiquismo es inconciente por los siguientes motivos:

a) existe una diferencia entre la limitada capacidad de procesar información de nuestra conciencia y la ilimitada producción de información de nuestro entorno, nuestro cuerpo y nuestra mente. A esto hay que agregar la *"notable discontinuidad del control conciente"*[60] de la regulación de nuestras acciones. Esa brecha es cubierta a través del procesamiento inconciente. La teoría del set propuesta por Uznadze y desarrollada por Bassin explica que solo podemos sostener una actividad organizada en el mundo en la medida que existen ciertas orientaciones cerebrales fisiológicamente estabilizadas que permiten que la información de entrada sea sometida a criterios de preferencia. Esa información obtenida será la base sobre la que aparecerán ciertas tendencias de reacciones que son flexibles pero a la vez firmes. Estas tendencias o sets tienen un efecto antientrópico en el comportamiento permitiendo su regulación en tiempo real.[61] Los sets también pueden ser concientes, pero configuran gran parte de la actividad inconciente del sistema nervioso central.

b) Por otra parte, el inconciente al cual Freud intentó analizar es el que proviene de los mecanismos disociativos que tienen su origen en vivencias traumáticas. La disociación es una defensa del cerebro, los recuerdos perturbadores no procesados generan compartimentos estancos a los cuales no siempre puede acceder nuestra conciencia. La experiencia clínica muestra que el trauma y la consecuente evitación, pueden generar recuerdos, cogniciones y emociones más o menos inaccesibles para la conciencia. Desde la perspectiva científica del inconciente, Filipp

---

[60] BASSIN, Filipp. V. El problema del inconsciente. Ed. Granica. Buenos Aires (1973). Pág. 283
[61] Ibíd. Pág. 246

Bassin destaca la insuficiencia del enfoque psicoanalítico, debida a su *"esquematismo simplista de la solución del problema del inconciente propuesta en su momento por la teoría freudiana* (que) *solo prevé una rígida alternativa: o una adecuada adquisición de conciencia de lo que se percibe, o la falta de ésta* ('represión'). *Por consiguiente, todo el amplio diapasón de los estados intermedios entre esos polos, constituido por las diferentes formas clínicas de alteración de la conciencia (...) desaparece en el esquema psicoanalítico fundamental."*[62]

La propia conciencia puede verse nublada, disgregada, como en el caso de los estados confusionales, despersonalización o estupor. A este *nivel horizontal* progresivo de inconciencia, hay que incorporarle un concepto *vertical*, el de la disociación estructural, cuya manifestación más dramática, al punto de convertirse en un clásico de la cinematografía, es el trastorno por identidades múltiples. En estos trastornos disociativos, cada identidad mantiene sus niveles de conciencia conservados, pero de manera separada, tabicada. Es un recurso del psiquismo cuando tiene que lidiar con recuerdos horrorosos. Charles Myers, un psicólogo inglés, describió en 1940 una forma básica de disociación estructural en soldados de la Primera Guerra Mundial agudamente traumatizados. *"Esta disociación -plantean actuales investigadores- implica la coexistencia de y una alternación entre la llamada (Parte de) Personalidad Emocional (PE) que está clavada en uno o más recuerdos traumáticos y centrada en la detección de la amenaza, y una parte llamada (Parte de) Personalidad Aparentemente Normal (PAN) que está sujeta en intentar llevar una vida normal, evitando de manera fóbica uno o más recuerdos traumáticos, manifestándose en grados de desapego, insensibilización, despersonalización y*

---

[62] Ibíd. Pág. 175

amnesia parcial o completa."[63] Los recuerdos pueden ser tan abrumadores que se generan partes disociadas en pelea mutua. Estas *"peleas"* pueden llevar al individuo hasta la autoinjuria o el intento de suicidio. Las rebeliones violentas de las PE, el tono amenazante con el que se dirige a la PAN, la notable independencia con la que se presenta y los esfuerzos de represión de la PAN son función de la fobia al recuerdo traumático. Hoy aprendimos que el paciente disociativo aloja en su sistema psíquico recuerdos aterradores que quedan encapsulados en las PE, o bien en los casos más graves, como el mencionado trastorno de identidades múltiples, aparecen múltiples PAN.

Nuestra hipótesis es que Freud, a quien llegaban pacientes severamente traumatizados, explicó este fenómeno con su teoría del aparato psíquico, donde el yo era tironeado por un ello y un superyo. Freud describía un proceso real, pero con un sistema explicativo fantaseado. Como los monjes medievales que explicaban el movimiento de los planetas alrededor de la tierra – centro del universo, por un sistema de epiciclos, los discípulos de Freud repiten la fórmula de su maestro. Hoy la experiencia clínica demuestra que estos fenómenos intrapsíquicos no son producto de estructuras edípicas universales, fatales e innatas que determinan al individuo, sino una respuesta a eventos traumáticos sucedidos en su actividad vital concreta. Onno Van Der Hart y Dolores Mosquera, son algunos de los terapeutas que trabajan en una técnica secuenciada que incluye un *"diálogo"* entre las partes, la reducción de la fobia entre ellas y hacia los contenidos traumáticos, para su posterior elaboración.

---

[63] STEELE, Kathy, MN, CS, VAN DER HART, Onno, PhD, NIJENHUIS, Ellert R.S., PhD. Tratamiento secuenciado en fases de la disociación estructural en la traumatización compleja: Superar las fobias relacionadas con el trauma. *Journal of Trauma & Dissociation*, 6(3), 11-53 (2004).

c) El analfabetismo emocional implica que carezcamos de conciencia de lo que ocurre en nuestro interior. Parte de nuestra vida emocional nos es ajena en la medida en que carecemos de la alfabetización emocional necesaria para poder prestar atención, ponerle nombre y gestionar ese mar de eventos que suceden en nuestra vida psíquica. Consideramos que, cuando los prejuicios psicoanalíticos dejen de ser parte del aroma cultural de nuestra época, llegará el momento en que la alfabetización emocional, se difunda como parte de las prácticas educativas en los programas de estudio desde la enseñanza inicial hasta la universitaria en todo el orbe.

¿Puede existir una sociedad con seres humanos plenamente concientes, producto de la inexistencia de trauma psíquico y la alfabetización emocional, en los cuales ya no habría rastros de inconciente? Probablemente no, pero sí podemos pensar en una sociedad donde la carga traumática de sus habitantes sea mucho menor y todos y cada uno puedan desplegar sus capacidades en un nivel que hoy ni imaginamos, una sociedad sin explotadores ni explotados, donde la educación formal sume a los contenidos racionales otros de carácter emocional. Podemos decir que el ser humano actual tiene una carga traumática sociohistóricamente determinada, o en otras palabras, que la sensibilidad humana es una adquisición socio cultural.

Cuentos freudianos

"El libro negro del psicoanálisis" es un excelente texto para quienes quieran conocer cómo *"construía"* sus casos Freud, donde nos muestra flagrantes contradicciones. Los autores se tomaron el detectivesco trabajo de rastrear la historia de quienes fueran protagonistas de los famosos casos señeros del psicoanálisis, encontrando una y otra vez que detrás de los mentados éxitos se escondían tremendos fiascos. Para

ocultarlos, desde el principio Freud actuó cercenando datos. Tal lo sucedido en su relato del caso inicial del psicoanálisis: Anna O. – Bertha Pappenheim. Según Freud, Anna O. terminó su experiencia terapéutica *"liberada de los innumerables trastornos que le habían afectado"*. Posteriores investigaciones demostraron que tuvo, a posteriori, tres internaciones prolongadas y problemas relativos a la adicción a la morfina. Y Freud sabía las dificultades por las que estaba atravesando la paciente mientras continuaba hablando de las bondades de su método[64].

El caso de Sergei Pankejeff, *"el hombre de los lobos"*, es gráfico acerca de la carencia de escrúpulos de Freud a la hora de construir sus historias. En los principios de los '70, en una entrevista, *"el hombre de los lobos"* afirmaba: *"en realidad, toda esta historia parece una catástrofe. Estoy en el mismo estado que cuando fui a ver a Freud la primera vez, y Freud ya no está"*. *"Los psicoanalistas son un problema, no hay ninguna duda en eso."*[65]

Argentina es un buen ejemplo acerca de cómo un lobby psicoanalítico, tremendamente influyente, impide que lleguen a los y las pacientes terapias de probada eficacia.

---

[64] MEYER, Catherine, BORCH-JACOBSEN, Mikkel, COTTRAUX, Jean, PLEUX, Didier y VAN RILLAER, Jacques. El libro negro del psicoanálisis. Vivir, pensar y sentirse mejor sin el psicoanálisis. Ed. Sudamericana (2007) Págs. 211 y 212.

[65] Ibíd. Pág. 52

Efectivamente, Argentina es un país cuyo pueblo ha sufrido múltiples traumas: dictadura con su estela de traumatizados por la sistemática desaparición forzada y tortura de personas, guerra de Malvinas, los atentados a la Embajada de Israel y la mutual judía AMIA, incendio y muerte masiva en el boliche República de Cromagnon en el 2004, son algunos ejemplos de poblaciones que necesitan atención.

El estrés postraumático es una patología que cursa con excitación del sistema nervioso central (ansiedad, insomnio, irritabilidad), embotamiento afectivo, evitación de todo lo que recuerde al evento traumático y reexperimentación de dicho evento.

Todavía en el 2015 aparecen testimonios de ex detenidos desaparecidos o familiares afectados por síntomas postraumáticos activísimos. Recibieron por años atención psicoanalítica, pero no las técnicas adecuadas al padecimiento.

Las técnicas de primera elección para estas patologías son (TEP) Terapia de Exposición Prolongada y EMDR (Desensibilización y Reprocesamiento por el Movimiento Ocular).

Un terapeuta especializado en esta última técnica comentaba la ocasión en la que había ido a una ciudad patagónica para aplicarla a ex combatientes de Malvinas. Cuando les dio una psicoeducación sobre estrés postraumático, los ex combatientes le respondían maravillados que era la primera vez que un psicólogo no les hablaba del Edipo, sino que entendía lo que ellos ya sabían: que lo que les pasaba era producto de lo vivido en la guerra. Efectivamente, en el país que se jacta de tener uno de los mayores índices de psicólogos por habitante, al día de hoy murieron más ex combatientes por suicidio, al no tolerar más los síntomas postraumáticos, que por las acciones bélicas en tierra en el archipiélago[66].

Las heridas psíquicas que deja el trauma pueden ser sanadas con técnicas que centralmente son de exposición al trauma y de reprocesamiento de estas vivencias. Estas técnicas permiten *"digerir"*, *"asimilar"* los tragos amargos de la vida. En este camino, el *"hacer conciente lo inconciente"* que proponía Freud iba enfocado en una dirección que hoy corroboran todas las corrientes que investigan el trauma psíquico. Era necesario recordar un evento traumático real, concientizarlo, para luego superarlo. Sin embargo, luego se desdice con su teoría de las fantasías traumáticas que significó un gran retroceso. La historia es la siguiente: Freud veía que sus pacientes reiteradamente aparecían como víctimas de abuso sexual infantil. Su primer posición sobre el trauma incorpora la "teoría de la seducción" (un término de llamativa delicadeza que usaba para referirse al abuso sexual de menores), el trauma era entonces resultado de un abuso existente. Freud abandona esta teoría, niega que un evento real sea el origen de la *"neurosis"* y con este acto niega veracidad a los relatos que le confiaban sus pacientes *"histéricas"*, desplegando la *teoría de las protofantasías*. Con esta nueva teoría, explicaba que los reiterados relatos de sus pacientes de abusos sexuales infantiles sufridos se debían en

---

[66] En la guerra murieron 649 argentinos: 323 durante el hundimiento del crucero General Belgrano y 326 en el archipiélago. El Estado no tiene cifras oficiales, pero entre los veteranos la mayoría habla de más de 350 casos. Hay incluso quienes afirman que ya son 454 los ex combatientes que se quitaron la vida.

realidad a fantasías que se originarían en experiencias de la vida de nuestros ancestros cavernarios y serían transmitidas por algún misterioso (y nunca descubierto) mecanismo a los seres humanos actuales.

Allí está, para la posteridad, la carta 69 de Freud a Fliess del 21/09/1897, famosa por su frase *"Ya no creo en mi neurótica"*, donde expresa *"la sorpresa de que en todos los casos el padre hubiera de ser inculpado como perverso, sin excluir a mi propio padre, la intelección de la inesperada frecuencia de la histeria, en todos cuyos casos debiera observarse idéntica condición, cuando es poco probable que la perversión contra niños esté difundida hasta ese punto. La perversión tendría que ser inconmensurablemente más frecuente que la histeria, pues la enfermedad sólo sobreviene cuando los sucesos se han acumulado y se suma un factor que debilita a la defensa."*

Duramente criticada, esta carta muestra que Freud descree del testimonio desgarrado de sus pacientes basándose en un cálculo, por demás improbable, del nivel de difusión de la pederastia. A los pocos días de haber abandonado enfáticamente su interés por la realidad de las *"escenas de seducción"* (abuso sexual infantil), el 3 de octubre y para mayor confusión, Freud envía otra carta donde relata un recuerdo personal de una escena de *abuso real* por parte de una niñera.

Recuerdo mi sorpresa cuando, siendo un estudiante ávido de conocimientos de psicología, la profesora de Psicoanálítica I nos anoticia de la existencia de fantasías ancestrales que se transmitirían efectivamente a todos los individuos de la especie por vaya a saber qué vía. Mi irónica repregunta recibió por toda respuesta una robótica repetición de la idea de las fantasías ancestrales, acompañada de una artificial sonrisa de vendedora de cosméticos.

Freud sacrificaba a sus pacientes para hacer las paces con la época, presionado por los ámbitos profesionales en los que se movía, que le exigían retractarse de la *"teoría de la seducción"*. Muy probablemente también haya influido la cercanía de los padres abusadores a los cuales tendría que enfrentar. Por último, la lectura atenta del párrafo ha sugerido que tal vez Freud haya tenido que lidiar con su propia memoria perturbada por el trauma, tal como se desprende de la referencia a *"mi propio padre"*. El hilo se cortó por el lado más débil, la conclusión fue entonces que no era la doble moral victoriana, sino la fantasía de sus pacientes, lo que explicaba la abundancia de relatos de abusos intrafamiliares. Un psicoanalista argentino, el Dr. Jorge Volnovich, responde duramente al maestro vienés planteando que con este giro invierte la carga de la prueba y los y las pacientes terminan siendo responsables de los abusos sexuales infantiles; que además termina invalidando la experiencia de tantos niños/as abusados/as y decretando la inocencia de los violadores.[67]

Un psicólogo que hoy día aplicara al pie de la letra esta teoría de Freud se vería confrontado con un posible juicio por no dar relevancia al testimonio de un/a paciente que refiera un abuso sexual. Los psicoanalistas menos dogmatizados repiten esta teoría y luego no la ejercen. Pero es tenebroso pensar que la

---

[67] VOLNOVICH, Jorge. Abuso sexual en la infancia. Ed. Lumen. Buenos Aires (2002).

aplicación metódica del psicoanálisis prescribe señalar a los/las pacientes que refieren abuso sexual el carácter fantasioso de sus recuerdos. Y no solo eso, sino que esas *"fantasías"* son expresión de los propios deseos sexuales/hostiles del/de la paciente hacia la persona que aparece en el recuerdo. Y sin embargo, posan los seguidores de Freud de ser *"los abanderados"* de la apertura en relación a la palabra del paciente.

Las personas que a fines del siglo XIX, principios del XX se diagnosticaban como histéricas, hoy son diagnosticadas como personas que padecen de Trastorno Límite de la Personalidad. Es un grave cuadro donde los pacientes sufren desregulación emocional, duelos inhibidos, disociaciones. Los psicoanalistas, con su escolástica, creen que quienes padecen este trastorno, también conocido como *borderline,* están *"entre la psicosis y la neurosis"* una postulación que carece de cualquier tipo de fundamento. Son pacientes traumatizadas y traumatizados que pueden disociarse, autolesionarse o atentar contra su vida, pero no *"volverse psicóticas/os".*

Una investigadora reconocida a nivel mundial sobre el tema del trauma psíquico es Judith Hermann. Ya en 1987, en un estudio realizado junto a Herman Van Der Kolk[68] advertía de la tremenda prevalencia del abuso sexual infantil como antecedente del trastorno límite. Una decena de estudios confirmaron con

---

[68] VAN DER KOLK, Herman JL, BA. Traumatic antecedents of borderline personality disorder. In BA Van Der Kolk (Ed), Psychological Trauma (pp 111–126). Washington DC: American Psychiatric Press (1987).

posterioridad esta correlación (Herman et al., 1989; Links et al., 1988; Ogata et al., 1990; Paris et al., 1994a, 1994b; Salzman et al., 1993; Shearer et al., 1990; Westen et al., 1990; Zanarini et al., 1989b; Zanarini et al., 1997). Sin embargo, las protofantasías se siguen enseñando en los claustros universitarios como un credo inamovible.

Sin las rémoras dogmáticas del psicoanálisis, las técnicas psicoterapéuticas siguieron avanzando y hoy, en el caso específico del trastorno límite, han aparecido nuevas aportaciones de probada eficacia. La Dra. Marsha Linehan ha desarrollado la llamada Terapia Dialéctica Comportamental (TDC). Curiosamente, esta nueva modalidad, desarrollada en los EE.UU., pone a la dialéctica (la vieja y nunca bien ponderada dialéctica) en el centro de la teoría y de la práctica de una técnica que ha dado respuesta a una de las patologías más difíciles de trabajar en terapia. El trastorno límite es conceptualizado como una falla en las síntesis dialécticas por parte del individuo. La principal dialéctica que propone la TDC es aquella que se da entre la validación (prestar atención con aceptación radical al testimonio del paciente) y el cambio.

Además de un estilo terapéutico focalizado en temas bien concretos, con la TDC se realiza un trabajo de psicoeducación en habilidades sociales, el cual junto con la atención psicofármacológica, permite construir una estabilidad en el/la paciente. Una vez logrado este objetivo, se incorporan las últimas técnicas de terapias de elaboración y clausura emocional del trauma (TEP, EMDR) para superar los duelos inhibidos. Esta compleja intervención, que además incorpora un protocolo de atención telefónica en crisis, reduce drásticamente la cantidad de internaciones psiquiátricas del/ de la paciente en crisis.

Cuando se atiende a alguien con Trastorno Límite de la Personalidad aparecen, confusos, los relatos de abuso sexual infantil, neblinosos, atrapados por la amnesia disociativa. Avanzar en el procesamiento emocional de un/una paciente que puede desregularse es una decisión complicada y la teoría de la *"fantasía traumática"* puede significar un alivio para el/la profesional, lo cual sería maravilloso si no fuera una condena para el/la paciente, impedido/a de procesar las experiencias dolorosas. Las actuales técnicas nos permiten profundizar sobre aquellas áreas donde el psicoanálisis indicaba *"no indagar"* para no *"psicotizar"* al/ a la paciente. Estos avances, a su vez, nos demuestran que la técnica psicoanalítica estaba tan adaptada a la *"curación definitiva"* de las pacientes *"histéricas"* como los artefactos proyectados por Leonardo da Vinci lo estaban al vuelo.

Nuevamente, podrá tildársenos de detractores, pero era el propio Freud quien, en la intimidad de sus cartas, confesaba estos límites. En 1906, escribía a Jung: *"no debería decir que todos los casos de histeria pueden ser curados por el psicoanálisis"*. Añadía: *"no puede explicarse nada a un público hostil; por consiguiente, he guardado para mí ciertos elementos que podrían decirse a propósito de los límites de la terapia y de su funcionamiento."*[69]

---

[69] McGUIRE W., ed. *The Freud/Jung Letters.* tr. R. Manheim y R.F.C. Hull, Bollingen Séries XCIV, Princeton. Princeton University Press (1974). Pág. 12. Citado en "El libro negro...". Pág. 53

El/la psicoanalista es finalmente un alma torturada. Tiene un líder inalcanzable, Sigmund Freud, que realizó un *"heroico autoanálisis"* que él/ella jamás podrá hacer. Si sigue los preceptos freudianos el paciente no avanza y si, guiado por el sentido común no los sigue, se siente un/a traidor/a. Por lo tanto, mostrar los vacíos que el propio Freud ocultaba puede ayudar a muchos/as profesionales a superar sus propias angustias.

Para alivio de quienes viven esta dura contradicción, recurriremos a otros ejemplos. Es conocido un caso de lo que se denominaba neurosis obsesiva (hoy Trastorno Obsesivo Compulsivo), llamado Ernst Lazer (*"el hombre de la ratas"*). Freud pretendió haber resuelto una grave patología en un paciente que atendió menos de un año. Sin embargo, según *"El libro negro..."* de la revisación de las notas que dejó el padre del psicoanálisis surge una total incongruencia: *"las notas del análisis revelan que Freud siguió cotidianamente a su paciente durante apenas un poco más de tres meses. El análisis fue irregular los tres meses siguientes y a lo sumo esporádico después de eso (de hecho, no hay ningún rastro de tratamiento pasados los seis primeros meses). Freud, sin embargo, pretendía haber tratado a su paciente 'durante más de once meses'"*. Según el psicoanalista canadiense Patrick Mahony, quien constató las notas tomadas de Freud, la presentación del caso es *"confusa"* e *"inconsistente"*, y comporta omisiones *"flagrantes"*. Freud dice que su terapia *"había conducido a la restauración completa de la personalidad del paciente, y a la supresión de sus inhibiciones"*, pero en una comunicación a Jung, en octubre de 1909, confiesa que el paciente *"seguía enganchado"*. Si algo pudo haber ayudado a Lazer fue la posibilidad de hablar frontalmente de sus problemas. Si el tiempo de tratamiento hace a la curación poco creíble, el método empleado nos habilita a dudar aun más; Freud dice haber tratado al hombre de las ratas *interpretando* sus obsesiones, técnica que, aplicada por el resto de los mortales terapeutas en pacientes obsesivos tiene por único resultado *potenciar las obsesiones* de la persona tratada.[70]

Hoy día hay una batería de recursos para auxiliar al paciente obsesivo. Con la psicoeducación se informa al paciente las características de su padecimiento, sobre la base de que el conocimiento reduce tensiones. Si es necesario, se recurre a la farmacoterapia, donde son utilizados algunos antidepresivos en altas dosis. Además, son de primera elección técnicas de meditación conocidas como *"mente plena"* o *"atención plena"*. Es una práctica que se basa en la milenaria meditación vipassana, nacida en la India hace 2500 años y que de acuerdo a la definición del Dr. Jon Kabat-Zinn, se caracteriza por la posibilidad de *"prestar atención deliberadamente en el momento presente con aceptación, sin juzgar."* Esta habilidad de conciencia permite al obsesivo *"observar"* los pensamientos o imágenes que le aparecen simplemente como pensamientos e imágenes; sin juzgarlos, sin *"quedar pegados"* ni pretender controlarlos, actitudes todas que refuerzan el padecimiento. Junto con esto se trabaja en la exposición y prevención de respuesta. Si un paciente tiene la obsesión de contaminación se lo alentará a exponerse a aquello que el paciente evita (por ejemplo, manija

---

[70] MEYER, Catherine, BORCH-JACOBSEN, Mikkel, COTTRAUX, Jean, PLEUX, Didier y VAN RILLAER, Jacques. El libro negro del psicoanálisis. Vivir, pensar y sentirse mejor sin el psicoanálisis. Ed. Sudamericana (2007) Pág. 62.

de la puerta del baño) y con ello afrontará la ansiedad hasta que baje y consecuentemente, desaparezca la obsesión. Estudios recientes demuestran una correlación profunda entre los mecanismos del TOC y los mecanismos disociativos, de manera tal que el evento obsesivo compulsivo es vivido en el marco de síntomas disociativos y que el propio fenómeno TOC resulta de la pugna entre partes disociadas de la personalidad.[71] Una persona tratada con estos recursos mejora drásticamente en meses, luego de años de terapia analítica en los cuales su vida se pudo ver severamente restringida. Ante esta constatación los analistas protestan contra las *"terapias de la eficacia"* y contra la *"remoción del síntoma sin ir a lo profundo que lo causa"*. Mucho ruido, pocas nueces. Ni son eficaces ni descubren ninguna de las *"profundidades"* prometidas. Asociación libre e interpretación solo pueden agravar la patología. Lo llamativo es que esta dupla aún hoy es vendida como la panacea, cuando, en 1919 Freud ya entendía que los/las pacientes con trastornos de ansiedad (y el TOC es un trastorno de este espectro) podían tener un claro conocimiento de sí mismos y del origen de sus problemas, sin por ello modificarlos. Freud llega a reconocer la ineficacia de su

---

[71] MELVILLE, Nancy A. Dissociation Shown to Have Key Role in OCD. August 19, 2015 [en línea] [fecha de consulta: 31/10/2015]. Disponible en: http://www.medscape.com/viewarticle/849800#vp_2 y más específicamente en O'CONNOR, Kieron and AARDEMA, Frederick Living in a Bubble Dissociation, Relational Consciousness, and Obsessive Compulsive Disorder Journal of Consciousness Studies. 01/2012; 19(7-8):216-246.

método en fobias y en obsesiones, pese que diez años atrás había proclamado su efectividad con el tratamiento de Lazer .[72]

Esta estrechez técnica psicoanalítica tiene sus consecuencias, que se observan claramente en relación a la atención a la población delincuencial. Actualmente el sistema capitalista tiene una respuesta a la población en conflicto con la ley penal: rejas y represión por parte de servicios penitenciarios militarizados. El psicoanálisis no tiene ninguna respuesta propositiva seria al respecto. La idea psicoanalítica de *"ser progresista"* es simplemente, denunciar el régimen carcelario. Pero, además de

---

[72] He aquí el reconocimiento de incorporar técnicas conductuales que deja Freud: *"nuestra técnica creció en el tratamiento de la histeria y sigue ajustada a esta afección. Pero ya las fobias nos obligan a sobrepasar la conducta que hemos observado hasta el presente. Difícilmente dominará una fobia quien aguarde hasta que el enfermo se deje mover por el análisis a resignarla; él nunca aportará al análisis el material indispensable para la solución convincente de la fobia. Es preciso proceder de otra manera. Tomen ustedes el ejemplo de un agorafóbico; hay dos clases, una más leve y otra más grave. Los enfermos de la primera clase sin duda sufrirán angustia cada vez que anden solos por la calle, pero no por ello dejan de hacerlo; los otros se protegen de la angustia renunciando a andar solos. Con estos últimos no se obtiene éxito si no se los puede mover, mediante el influjo del análisis, a comportarse a su vez como fóbicos del primer grado, vale decir, a que anden por la calle y luchen con la angustia en ese intento"*. En el párrafo posterior extiende el reconocimiento de los límites de su terapia en relación a las obsesiones: *"su análisis corre siempre el peligro de sacar a luz demasiado y no cambiar nada"*. FREUD, Sigmund. Nuevos caminos de la terapia psicoanalítica (1919[1918]). [en línea] [fecha de consulta: 31/10/2015]. Disponible en: http://bibliopsi.org/docs/materias/obligatorias/CFP/adultos/tausk/Uni dad%204%20Adultos%20Tausk/Freud%20-%20Nuevos%20caminos%20de%20la%20terapia%20psicoanalitica.pdf

no ofrecer ninguna alternativa, el movimiento psicoanalítico aumenta la apuesta: se afirma en la noción de que es ético quedarse en la crítica sin propuesta. Entonces, se termina actuando como el perfecto complemento de los más represivos regímenes de tratamiento carcelario a la población delincuencial. Con la excusa de que la *"ética psicoanalítica"* nos alejaría de los mecanismos del poder, terminan constriñendo la técnica terapéutica a un abordaje solo apto para tocar superficialmente los conflictos de la clase media. Los largos mutismos y las interrupciones para interpretar fallidos del analista, suelen ser mal tolerados por pacientes provenientes de las clases populares.

Un pedagogo ruso, Antón Makarenko[73], produjo un avance en técnicas psicoterapéuticas de gran éxito. No fue un teórico de la corriente sociocultural, pero estaba imbuido en la concepción marxista y revolucionaria de la vida. Makarenko desarrolló un sistema cooperativo de recuperación de jóvenes delincuentes, muy similar a las actuales comunidades terapéuticas para drogadependientes. En estos temas, el psicoanálisis no ha mostrado ningún avance (los psicoanalistas se quedan esperando que *"la demanda"* de terapia provenga de un paciente que utiliza la evasión como mecanismo de defensa prioritario).

Mucho habrá que trabajar para que la psicología pueda hacerse cargo del trabajo con toda la población delincuencial, pero las

---

[73] Antón Makarenko (1888 – 1939). Pedagogo ruso. Tras el triunfo de la revolución rusa fundó las casas cooperativas para huérfanos de la guerra civil, destacando la Colonia Gorka. Makarenko escribió numerosas obras, entre las que destaca *"El poema pedagógico"*.

comunidades terapéuticas son un gran avance en esta materia y la vía para encontrar una alternativa a los servicios penitenciarios militarizados que ofrece el capitalismo. Sin embargo, son objeto de las iras psicoanalíticas.

El psicoanálisis puede hacer un grave daño por omisión, pero también por acción. Una tremenda irresponsabilidad que se comete, con la naturalidad que da el consenso, se verifica en los casos de interpretaciones *psicosomáticas*. Freud toma el modelo de la histeria de conversión, donde existe una relación simbólica entre el conflicto inconciente y la manifestación somática respectiva. El trabajo terapéutico sobre el conflicto genera efectos benéficos sobre las repercusiones orgánicas. Pero como vimos, un descubrimiento genial que se expande de manera infundada termina siendo una rémora para el avance de la ciencia y la técnica. Las conversiones histéricas son un reducidísimo y llamativo porcentaje de las problemáticas psicosomáticas. Lo que se da en muchos casos es un mecanismo fisiológico inespecífico generado por el estrés. En estos casos, las repercusiones somáticas no son interpretables[74]. Lo grave de este imperialismo de la histeria en el campo de las enfermedades psicosomáticas es que el psicoterapeuta se mete con problemas orgánicos médicos, haciendo interpretaciones a la violeta. Es una intervención negativa. Para el analista, por ejemplo, una persona que sufre un accidente cardiovascular ya no está sufriendo una dolencia, sino que *"hizo"* un ataque al corazón, con lo cual el paciente tiene que vivir con la idea de que

---

[74] BASSIN, Filipp. V. El problema del inconsciente. Ed. Granica. Buenos Aires (1973). Pág. 126 a 128.

tiene un inconciente psicópata que desea matarlo y que finalmente lo que le pasa es su responsabilidad por no haberse analizado antes.

Hemos mencionado algunas técnicas de probada eficiencia, que superan en resultados a las intervenciones psicoanalíticas. ¿Estamos postulando que éstas son acaso las *técnicas marxistas* en psicoterapia? ¿Configuran las técnicas comunitarias, grupales, o bien el modelo de Makarenko, las terapias *"auténticamente marxistas"*?

Lo cierto es que no existe tal cosa, no existe una *"psicoterapia marxista"*, como no debería existir una *"cirugía marxista"*. La aplicación práctica de la psicología de raíz marxista se enfocó fundamentalmente en la rehabilitación neuropsicológica para pacientes con lesiones cerebrales y en la práctica educativa. Pero tampoco son *"las técnicas de rehabilitación neuropsicológicas marxistas"*, son técnicas y punto. En la Unión Soviética había prioridades: auxiliar a los heridos en combate en la Segunda Guerra Mundial y educar al pueblo. Los psicoanalistas consideran que la *"autentica terapia"* es la que ejercen ellos y desde allí subestiman al resto. Y puede ser que un fusilero soviético lesionado cerebral tenga menos glamour que Woody Allen en sesión analítica, pero cabría considerar que ambos son seres humanos y que lo que van a buscar al profesional es un alivio a sus dolencias.

La *"psicoterapia revolucionaria"* es el típico sueño del/de la estudiante de psicología de izquierda. Pero el propio planteamiento está viciado en su constitución. El paciente no acude al profesional de la psicología para *"ser concientizado de su situación de clase"*, pide mejorar su calidad de vida perjudicada por su padecimiento psicológico. Quien confunda el plano ideológico y el terapéutico no estará siendo de utilidad ni en uno ni en el otro aspecto. Lo que permite el mejoramiento subjetivo del ser humano son terapias de probada eficiencia, mientras que, las transformaciones sociales (que por cierto ahorran muchos sufrimientos psíquicos) son producto de la lucha organizada por estructuras políticas revolucionarias. La respuesta que da el marxismo en el plano de las psicoterapias es la base científica y la superación de las ataduras dogmáticas, lo que permite la flexibilidad para incorporar elementos (científicos o técnicos) que sirvan mejor al/a la paciente. Por otra parte, un terapeuta que trabaje en el marco de una sociedad donde haya consenso en relación a valores de solidaridad e igualdad tendrá mejores herramientas para la recuperación de las personas atendidas.

El ocaso del psicoanálisis

Como vamos viendo, los primeros lustros del siglo XXI son testigos de la retirada del psicoanálisis cada vez más pronunciada ante el avance de los conocimientos científicos y de las técnicas psicoterapéuticas basadas en evidencia. El *sancta sanctorum* de la teoría psicoanalítica, contar con una técnica psicoterapéutica y con *el saber* acerca del inconciente, ya ha sido *"profanado"*. Nuevas, más científicas teorías y más eficientes modalidades de intervención han aparecido.

Las familias son tratadas con la *teoría sistémica* la cual ha permitido entender las actitudes individuales en función del marco del sistema familiar.

El conductismo, despierta las más agrias iras del mundo psi. Ya lo vimos, los seguidores de Freud protestan acusando a la técnica conductista de *"inmediatista, efectivista y normativizante"* a lo que oponen su terapia analítica, *"que devela lo profundo del inconciente y ayuda al ser humano a liberarse de la alienación".* Sin embargo, la confesión del propio Freud de la necesidad de buscar alternativas para el caso de las fobias y obsesiones, demuestra que el malestar psicoanalítico en relación al conductismo es otro ejemplo en el cual los acólitos son más papistas que el papa.

Otra corriente que ha surgido es la *terapia cognitiva,* desarrollada por Aaron Beck, un psicoanalista que se dedicó a probar las teorías freudianas con método científico, realizando importantes descubrimientos. Los cognitivos han aportado entre otras *"herejías"* eficaces, la psicoeducación. Desde una perspectiva más holística, las *terapias de tercera generación* mueven el foco de los fenómenos psicológicos a los contextos donde éstos se dan y las funciones que cumplen. En lugar de trabajar para eliminar las *"distorsiones cognitivas",* promueven la validación de los fenómenos psíquicos en virtud de dicha función y contexto, lo que representa una visión dialéctica de los eventos psíquicos. Es ejemplo de esta corriente la mencionada TDC.

Cada día se descubren nuevas aplicaciones de la terapia EMDR, más allá del estrés postraumático. Una persona puede superar una fobia (por ejemplo, a viajar en avión) en pocas sesiones.

La integración de las diversas corrientes de psicología científica es vía de desarrollo planteada entre otros, por quien representa la figura señera de la psicología colombiana, Rubén Ardila.

Formado en la Universidad de Moscú en los '60, ha propuesto la Síntesis Experimental del Comportamiento. Se trata de una unificación no ecléctica, sino científica, de los aportes de diversas escuelas, entre las cuales incorpora los avances de la psicología sociocultural. Ardila es un ejemplo de un psicólogo científico y comprometido: *"yo siempre sentí en el fondo de los huesos (o en el fondo del alma...) las tremendas angustias de Latinoamérica, mi patria grande."*[75]

Nos queda del psicoanálisis todo un bagaje de expresiones artísticas del siglo XX en la pintura, la literatura y el cine, con sus aires de surrealismo y provocación que en muchos casos son ya parte de la cultura occidental y en muchos otros ya son oropel descolorido de fiestas antiguas. A falta de avances técnicos de relevancia, esta huella del psicoanálisis en la cultura es un argumento utilizado para desarticular toda crítica.

En una imperdible entrevista al epistemólogo Mario Bunge, en la cual afirma que *"a partir de los años '70 –o tal vez un poco antes- la cultura argentina ha sido barrida por los militares y por el irracionalismo"* ensaya una respuesta acerca del por qué de la prolongación de su ocaso:

"-¿Y por qué piensa Ud. que persistió el psicoanálisis? ¿Cómo convive con la psicología moderna? ¿Por qué tuvo tanto éxito? Inclusive en el ambiente universitario, académico, entre los médicos...

---

[75] ARDILA, Rubén. Autobiografía de un psicólogo latinoamericano. Revista de Historia de la Psicología, 1994, 15(1-2), 17-49.

-Por tres motivos, creo. Primero: Freud y sus secuaces enfocaron dos problemas que la psicología tradicional había descuidado: el problema de las emociones y el problema del sexo. Los psicólogos tradicionales se ocuparon sólo de los procesos mentales conscientes. No se ocuparon de las emociones, del afecto ni del sexo; no se podía hablar de eso siquiera, era un tabú. Entonces ¿qué pasa?, cuando la ciencia no se ocupa de un tema que interesa a todo el mundo, inmediatamente vienen los charlatanes y lo acaparan. Y el segundo motivo es que es fácil. El estudio del psicoanálisis no requiere ninguna preparación previa: un chico de 16 años puede convertirse en un erudito psicoanalista simplemente leyendo, porque se trata de leer textos. No hace falta estudiar psicología experimental, neurología, ni saber matemática o biología, no hace falta saber nada. Es el facilismo. Entonces, algo que es fácil y se ocupa de asuntos realmente importantes como son la emoción y el sexo, ¿cómo no va a atraer a la gente, en particular a los jóvenes incautos? El tercer motivo ya es comercial: para poder aplicar una terapéutica cualquiera hace falta estar entrenado, por ejemplo, como médico, psiquiatra o psicólogo clínico. Hay que estudiar seriamente si uno quiere ser eficaz y honesto. Para ser psicoanalista no hace falta nada. Un psicoanalista puede practicar, puede ganarse la vida y ganársela bastante bien –por lo menos en EE.UU. y el resto de Norteamérica donde cobra 100 dólares la hora-. Puede hacerlo sin ninguna preparación previa. Esos son los motivos: que el psicoanálisis se ocupa de problemas auténticos –aunque se ocupa mal-, que es fácil y que es rentable. Los tres hicieron que el psicoanálisis se expandiera como reguero de pólvora. Pero ya terminó su ciclo. Queda solamente en los países del Tercer Mundo."[76]

Todo sistema vivo debe ser abierto a la vida, el refugio en escolásticas cerradas sella a fuego el destino del psicoanálisis. Galileo Galilei les mostraba a los monjes escolásticos las lunas de Júpiter a través del telescopio, los monjes habían aprendido a través de Ptolomeo que *"eso"* no estaba en el catálogo de lo que *"debía"* estar en el cielo, con lo cual concluían que el telescopio debía ser un aparato endemoniado. Así giran las ruedas del saber científico, atoradas por el barro de los prejuicios dogmáticos.

La abrumadora mayoría de los seguidores de Freud sostienen un militante desconocimiento de lo que ocurre en el cerebro. Sin embargo, las neurociencias avanzan dejándolos cada vez más en evidencia en su desnudez teórica. Cuando son arrinconados, los psicoanalistas contraatacan mencionando a un tal Eric Kandel[77].

---

[76] "Mario Bunge y el psicoanálisis". [en línea] [fecha de consulta: 31/10/2015].   Disponible   en: http://www.taringa.net/posts/info/2426559/Mario-Bunge-y-el-psicoanalisis---entrevista.html. Bunge escribió junto al antecitado Rubén Ardila "Filosofía de la Psicología". Ed. Siglo XXI (2002), México – Buenos Aires. En esta obra se plantea la propuesta de los autores para construir una psicología científica desde sólidas bases filosóficas.

[77] Ejemplos de argumentaciones que mencionan a Eric Kandel sin una indagación seria sobre sus postulados en: PALOMERO PESCADOR, José Emilio ¿Sigue vigente, hoy, el psicoanálisis? La polémica continúa. Revista Interuniversitaria de Formación del Profesorado, vol. 20, núm. 2, 2006, pp. 233-266, Universidad de Zaragoza, España. O bien en el argentino Diario Perfil: "Los psicólogos le contestan a Mario Bunge", 20/05/2010 [en línea] [fecha de consulta: 31/10/2015]. Disponible en:

¿De quién se trata? Desde el campo de las neurociencias Eric Kandel, Premio Nobel en el año 2000, siempre ha ligado sus descubrimientos a metáforas vinculadas a la teoría de Freud. En 1999 afirmaba: *"acerca de la mente, no hay todavía concepción más coherente e intelectualmente satisfactoria que el psicoanálisis"*[78]. Por fin, un científico duro daba aires al pensamiento freudiano. Sin embargo, lo hace desde un diagnóstico de situación que podemos compartir plenamente: *"sesenta años después de haber dado sus pasos iniciales -dice Kandel-, el psicoanálisis había agotado ya buena parte de su impulso indagador. En 1960 era evidente, que muy pocos conocimientos nuevos podían adquirirse observando a pacientes individualmente y escuchándolos con atención. Aunque históricamente el psicoanálisis tuvo aspiraciones científicas – siempre se propuso desarrollar una ciencia empírica de la mente que pudiera verificarse–, rara vez fue científico en sus métodos. A lo largo de los años, no pudo someter sus hipótesis a una experimentación que pudiera reproducirse. De hecho, siempre fue más fructífero para generar ideas que para verificarlas. Como consecuencia, no avanzó al mismo ritmo que otras especialidades de la psicología y la medicina. En lugar de concentrar los esfuerzos en temas que pudieran comprobarse empíricamente, amplió sus miras y abarcó perturbaciones mentales y físicas que*

---

http://www.perfil.com/ciencia/Los-psicologos-le-contestan-a-Mario-Bunge-20100520-0028.html
[78] KANDEL, Eric. *Biology and the future of psychoanalysis: a new intellectual framework for psychiatry. American Journal of Psychiatry,* (1999). 156 (4), 505-524

excedían su capacidad óptima en cuanto a tratamiento."[79] Con un *"psicoanalista"* de la talla de Kandel[80], ¿cómo no tener profundos acuerdos? Con más razón cuando en la nota antecitada pone como ejemplo de un *"psicoanalista"* científico, que ha trabajado en dirección de corroborar sus hipótesis nada más ni nada menos que al *"herético cognitivo"* Aaron Beck. Por otra parte, desde las *"alturas"* de las jerigonzas lacanianas, las *"simples"* y *"conductistas"* investigaciones sobre aprendizaje desarrolladas por Kandel son un bocado intragable. Del otro lado, las referencias de Kandel al psicoanálisis tienen las mismas resonancias de quien puede encontrar antecedentes de la teoría del Big Bang en el Antiguo Testamento. Por cierto que no es el primer científico que trabaja intentando hacer su discurso digerible a algún misticismo: Nicolás Copérnico, Isaac Newton, Baruch de Spinoza también echaron mano de este recurso.

Años de trabajo sobre la intelectualidad hacen que el sentido común *"dizque progresista"* considere *"de izquierda"* al psicoanálisis y *"de derecha"* a la ciencia. Irónico contrasentido, la gran mayoría de los intelectuales marxistas defienden una teoría

---

[79] KANDEL, Eric. Biología de la mente. Nota en el diario Página 12 del 21/07/15 [en línea] [fecha de consulta: 31/10/2015]. Disponible en: http://www.pagina12.com.ar/diario/suplementos/futuro/13-1747-2007-07-21.html

[80] Dicho sea de paso, Kandel no es marxista, pero ganó el Premio Nobel por una investigación *siguiendo con total rigor el método marxista de ascensión de lo abstracto a lo concreto*, al que ya hemos hecho referencia. Kandel investigó el sencillo cableado neuronal de una babosa marina, la aplysia, y verificó los efectos del aprendizaje en dichas conexiones.

especulativa, anticientífica, en retirada y que concluye en una naturalización del orden capitalista.

El psicoanálisis no se queda en una técnica psicoterapéutica, no es simplemente una concepción global de la vida humana que confronta con la represiva moral victoriana. En su desarrollo se ha desplegado un imperio epistemológico que constituye el posmodernizado sentido común progresista, que convierte la *"asociación libre"* freudiana en método universal. Si el mundo es interpretación la lógica consecuencia es la entronización del subjetivismo.

En un mundo donde millones de humanos son arrojados a la desesperación, el posmodernismo solo sirvió para ablandar las resistencias, desarticular al movimiento popular, impotentizarlo. Sin embargo el intelectual posmoderno no se siente en absoluto cómplice, es más, se considera un ácido crítico del orden social imperante. Hay flagrantes contradicciones para quien las quiera ver: ¿cómo entender que las universidades capitalistas formen intelectuales *"contrarios al poder"*? ¿Se puede acaso defender la idea de que los claustros universitarios son un elemento totalmente ajeno al carácter de clase de la superestructura capitalista? ¿Por qué tanta crítica al poder no desemboca en un amplio y activo movimiento de intelectuales? Nuestra respuesta es que, con el modelo psicoanalítico – posmoderno, las capas medias instruidas están absolutamente neutralizadas, siendo el psicoanálisis el núcleo teórico de tal parálisis. Junto a las teorías de Freud, se ha transformado en sentido común progresista el pensamiento del intelectual francés Michel Foucault. La popularidad que tiene hoy en Argentina lo convierte en una vaca sagrada del progresismo, que lo considera un autor *"de izquierda"*. No hay centro universitario que no le venere un sacro respeto. El inconciente psicoanalítico se liga en Foucault a la voluntad de poder de Nietzsche y de ese maridaje sale la idea de un *saber – poder* metafísico que, sin determinación de clase (ni de ningún tipo, ampliamos) determina todo el acontecer humano. Para Foucault, *"no hay relaciones de poder sin resistencias; estas últimas son más reales aún y efectivas debido a que se forman justo en el punto donde las relaciones de poder son ejercidas; la resistencia al poder no tiene que venir de otro lugar para ser real, ni es inexorablemente frustrada por ser el compatriota poder. Existe más aún por estar en el mismo lugar que el poder; por lo tanto, como el poder, la resistencia es múltiple y puede ser integrada en las estrategias globales."*[81]. En buen criollo, la resistencia es parte del poder. Una resistencia que acepta que se le niegue la posibilidad de afirmarse en la verdad y la justicia, compuesta por individuos que paradójicamente se plantan desde la idea *Foucaultiana-*

---

[81] FOUCAULT, Michel. Traducido de *Power/knowledge, selected interviews and other writings*. Pantheon Books, New York, 1980, p. 142. Quien quiera profundizar en la postura reaccionaria de Foucault puede leer la transcripción de su debate con Noam Chomsky en Amsterdam en 1971. Un apoliticismo ramplón y una apología de la legalidad imperialista campea por toda su fundamentación. Recordemos, por otra parte, que en su discurso del 17 de marzo de 1976 en el College de France, Michel Foucault, el intelectual en el que abrevan tantos progresistas latinoamericanos, definía que el marxismo es un *racismo de clase*, en un momento donde Vietnam recién finalizaba su cruenta guerra de liberación, en Chile se exterminaban a miles de marxistas en un genocidio atroz y en Argentina los paramilitares estaban finalizando una etapa de exterminio que, una semana después, terminaría en la peor dictadura de su historia.

psicoanalítica de la *"muerte del sujeto"* subsumido en las redes del inconciente y las del saber-poder, que considere lo más moderno del planeta luchar por microcuestiones y reniegue por tanto del poder, eso es exactamente lo que necesita el capitalismo, es decir, una resistencia que nazca derrotada. La lógica conclusión que se extrae de tal consigna y que bien aprendió la intelectualidad argentina, es que lo mejor es quedarse en casa, disfrutar de los placeres que nos dispensen nuestras zonas erógenas y de vez en cuando lanzar una ácida mirada de soslayo al saber – poder, algo con lo cual la barbarie imperialista puede convivir sin perder el sueño.

En tanto, la jerga psicoanalítica actúa como excelente lubricante para que penetren en las capas progresistas de la clase media las más variopintas iniciativas de los más oscuros intereses.

Las políticas neoliberales aplicadas a la salud pública tienen un objetivo fundamental: la baja de costos. En la Ciudad de Buenos Aires hace años que los intereses gubernamentales desean hacer grandes negocios que implican la amplia zona de los hospitales neuropsiquiátricos. Desde el lobby psicoanalítico se lanzó a la violeta la consigna de la *desmanicomialización*: *"liberen a los locos"*, *"que salgan a las calles a llenarlas de poesía, sueños y realidades en un cerrar y abrir de ojos"*. Este discurso no sirvió para crear ninguna *"casa de medio camino"* (hogares que florecerían por doquier para uso de los pacientes) y sí para que las calles de Buenos Aires se vean pobladas de seres humanos padecientes de psicosis, indigentes y sin techo. Los trabajadores de los talleres protegidos tuvieron que sostener la resistencia a la destrucción de un taller para enseñar oficios a los pacientes que finalmente fue demolido por el gobierno liberal oligárquico de la Ciudad de Buenos Aires, actualmente gobierno nacional. No solo tuvieron que vérselas con la impávida mirada de la grey analítica, sino también lidiar con el estigma de ser *"los carceleros que ejecutan la condena al encierro manicomial por mandato de la 'ratio occidentalis' que encuentra en la figura del 'loco' la pasional 'deconstrucción' de su legalidad"*.

La represión a los trabajadores y las trabajadoras del Hospital Borda permitió la destrucción del Taller Protegido Nº 19. La campaña de difusión de la llamada *"desmanicomialización"* fue la cobertura teórica psicoanalítica para la avanzada de los intereses inmobiliarios de la mano del gobierno neoliberal de la Ciudad Autónoma de Buenos Aires.

La Ley de Salud Mental es otro contrasentido andante, engendro de la cultura psi institucionalizada. Según esta ley, un paciente paranoico delirante no puede ser internado si no *"consiente"* su internación. Si se retiene en internación a un paciente contra su propia voluntad, el/la profesional tratante estaría tan complicado/a como si dejara salir al paciente y éste atentara contra su vida o la de otros. Un absurdo por donde se lo mire, excepto desde el interés de prepagas y obras sociales que logran reducir drásticamente los costos en este rubro. La idea de atender a pacientes con psicosis o con adicciones en hospitales generales, con el pretexto de que así *"se los integra a la sociedad"* es por un lado, un pesado lastre para entidades que no están preparadas para acoger a pacientes de tales características y por otra, un avance en la idea neoliberal de eliminar de la salud pública los hospitales monovalentes que permiten brindar gratuitamente una alta complejidad de atención.

La legalización de la compraventa de droga, es decir, la aceptación por parte de los estados de la droga como una mercancía regulable, es otra campaña que los y las psicoanalistas apoyan. El consumo tiene efectos disociantes, desarticula la personalidad y es la causa de una gran cantidad de accidentes, constituyendo un grave problema de salud pública. Hay en curso una campaña para imponer como una *"reivindicación popular y antiimperialista"* el consumo libre de sustancias. La legalización de la compraventa de marihuana en varios estados de EE.UU. nos eximiría de agregar mayores fundamentos contra esta campaña. Un debate que requiere profundidad es resuelto con consignas que ligan dos conceptos absolutamente opuestos: libertad y drogas. En una lógica maniquea se plantea droga libre o represión al consumidor. Pero es preciso profundizar. Detrás de las quejas de los microcultivadores cannábicos, las fingidas preocupaciones por la situación de la juventud de los barrios pobres y los discursos descontracturados se esconde otra realidad. Esta campaña está solventada por el *"filántropo"* George Soros[82], a través de su *Open Society Institute (OSI)*. En la

---

[82] George Soros (Hungría, 1930) es un magnate, multimillonario, especulador financiero y *"filántropo"* estadounidense de origen

112

página web de esta institución se puede observar su proyecto: *"despenalización"* a nivel legal y *"reducción de daño"* a nivel terapéutico, es decir terapia para continuar consumiendo drogas, pero no tanto. En Uruguay se le ha delegado a esta ONG la organización de la liberalización de la marihuana, aún con la población mayoritariamente en contra. En Argentina, cada paso institucional en ese sentido es preanunciado por la visita de un representante de la OSI. Detrás de tanta vocación filantrópica se esconde un detalle esclarecedor: George Soros es uno de los principales accionistas de la empresa agroterrorista Monsanto, con lo cual queda claro que la idea es iniciar un lucrativo *"narcoagronegocio"*. La controversial soja transgénica será suplantada por la *"progresista"* marihuana transgénica, incrementando con esto el valor de la hectárea de tierra cultivable. Seguirán naciendo niños deformes por la fumigación de glifosato y la soberanía alimentaria quedará en el territorio de las utopías delirantes. Por cierto que, lejos de la pretendida fachada progresista, la OSI está al servicio de las peores causas de la humanidad: apoyando al nazismo en Ucrania y a los *"estudiantes"* fascistas en Venezuela, dos de las más destacadas intervenciones que son parte de un metódico trabajo contra las organizaciones populares. Por todos estos motivos, recientemente la OSI ha sido declarada indeseable en Rusia.

---

húngaro. Es una de las personas más ricas del mundo. Provocó la quiebra del Banco de Inglaterra en 1992 y la crisis del sudeste asiático en 1997. Soros jugó un papel clave en la vuelta de los Estados socialistas de Europa al sistema capitalista, respaldando entre otros, al movimiento sindical *Solidarność* en Polonia. Es un especulador cruel y un destructor de la vida de los pueblos.

Sobre esta base de intereses económicos que buscan además el objetivo político de control social, la OSI estructura la campaña pro droga que en lo relativo a técnicas terapéuticas se traduce, como vimos, en el enfoque *"reducción de daño"*. Aquí los detalles son fundamentales: si reducción de daño es un paso para la abstinencia total, cuando aún no existen las condiciones para ello, es terapéutica. Pero si se la transforma en objetivo final y el/la analista tiene una actitud condescendiente con el consumo de sustancias, el espacio se transforma en antiterapéutico. El consumo de sustancias impide el procesamiento emocional de las vivencias traumáticas, en la medida en que las drogas actúan como un anestésico, impidiendo la *"digestión"* de los golpes de la vida. Hacer terapia (afrontar) y al mismo tiempo tapar con drogas (evitar) es una contradicción insalvable

"Reducción de daño" y *"consumo responsable"* son presentados como el último grito de la moda del psicólogo *"abierto y moderno"*, pero es una descontracturada irresponsabilidad. Una enorme cantidad de pacientes atrapados en las adicciones a sustancias acuden al psicoanálisis y, luego de perder tiempo y dinero, terminan más comprometidos con el consumo que el día de su primera sesión. Es más común de lo que se cree, que el/la psicoanalista no focalice en el consumo de sustancias de su paciente, que lo minimice restando importancia a señales alarmantes al respecto, que pretenda hacer vínculo en actitud amiguista, que se ubique en el lugar de cómplice de la patología frente a la angustia familiar. Imaginemos qué le diríamos a un médico que viendo una tomografía con una mancha sospechosa nos dijera que no nos preocupemos hasta que no aparezca un

cáncer. El gremio de los psicólogos parece tener exigencias menores.

El psicoanálisis es la vía regia para la modelación de la actitud posmoderna. La interpretación de los valores humanos como una mera pátina conciente de deseos inconcientes y el superyo como instancia tiránica y represora, su conceptualización en tanto una "imposición moral" vacía, producto del "terror a la castración" y desvinculada de la empatía, constituye uno de los núcleos conceptuales más oscuros del psicoanálisis. La cosecha personal de planteos ideológicos en este sentido es enorme. Las Madres de Plaza de Mayo cuentan que cuando iban al analista se les interpretaba su reclamo de aparición con vida de sus hijos como una *"dificultad para elaborar el duelo"*. Cuántos militantes se han encontrado con que *"en realidad"* su activismo era un *"resabio de la adolescencia"*, cuántos compañeros y cuántas compañeras se han anoticiado *"en análisis"* de que en realidad los problemas que llevaban a terapia, producto de una vida sobrecargada por la dedicación a la construcción popular, eran producto de su propia *"vocación masoquista"*. Para otro analista, la actitud del Che Guevara hacia la vida sería producto de la presencia de una *"inusualmente fuerte pulsión de muerte"* en su constitución psíquica. Evidentemente y pese a las constantes manifestaciones en contrario, los y las psicoanalistas trafican su cosmovisión en cada intervención.

Efectivamente, una terapia que no incorpore los valores como dimensión humana fundamental está destinada al fracaso. Porque sin valores que sustentar es un recurso muy fácil y muy utilizado, por la vía del menor esfuerzo, intervenir para que el paciente *"no se preocupe"*, buscando una estabilidad alienada al margen de la vida. En la actualidad, la Terapia de Aceptación y Compromiso (ACT) establece una fuerte crítica a este tipo de intervenciones tranquilizadoras, ubicándolas en el amplio espectro de conductas generadoras de lo que se denomina Trastorno de Evitación Experiencial. Este trastorno es definido como el *"proceso a través del cual una persona se involucra en el desarrollo de estrategias designadas para alterar la frecuencia o experimentación de eventos privados, como pensamientos, emociones, recuerdos o sensaciones corporales."*[83] La posibilidad de afrontar concientemente lo angustioso y doloroso es una adquisición cultural, una medida de higiene psicológica. Vivir en la dirección de los valores significa muchas veces experimentar sensaciones negativas. El daño que puede hacer una *"terapia"* que prescriba la evitación es ostensible, en pacientes con muchos años de análisis se suele observar una actitud superficial ante la realidad. La evitación sostenida de las experiencias negativas termina reduciendo la capacidad de procesamiento emocional y la influencia de los valores como guías de la acción en la vida.

---

[83] HAYES, Steven et al. *Experiential avoidance and behavioural disorders: a functional dimensional approach to diagnosis and treatment. Journal of Consulting and Clinical Psychology* (1996). Vol. 64 No. 6, 1152-1168.

Es un tópico aceptado que el psicoanálisis es nuestra *"matriz cultural"* en vista de la cantidad de conceptos, frases y esquemas que son parte del mundo coloquial. Dando una vuelta de tuerca a las significaciones, podríamos decir que en realidad el psicoanálisis – posmodernismo es nuestra *"Matrix cultural"* en el sentido de la película. En la famosa trilogía, la Matrix no solo es la máquina que esclaviza humanos, sino también el mundo ilusorio de libertad que proyecta esa máquina para que la humanidad se mantenga aletargada mientras les quita la energía corporal. Mientras no salgamos de esa Matrix, viviremos una adocenada esclavitud intelectual del sistema capitalista.

EL FUTURO DE LA INVESTIGACIÓN REVOLUCIONARIA EN PSICOLOGÍA

Tomaremos, pues, como propio, el llamado de Rubén Ardila: *"muchos psicólogos de nuestra América creen, como Marx, que nos hemos dedicado demasiado tiempo a estudiar el mundo y que llegó el momento de cambiarlo. Una de las alternativas reside en convertirse en activista político. Otra consiste en trabajar sobre cuestiones socialmente relevantes..."*[84]

En ese camino, el Che ya había planteado en 1965, en *"El socialismo y el hombre en Cuba"*: *"El hombre del siglo XXI es el que debemos crear, aunque todavía es una aspiración subjetiva y no sistematizada. Precisamente éste es uno de los puntos fundamentales de nuestro estudio y de nuestro trabajo y en la medida en que logremos éxitos concretos sobre una base teórica o, viceversa, extraigamos conclusiones teóricas de carácter amplio sobre la base de nuestra investigación concreta, habremos hecho un aporte valioso al marxismo-leninismo, a la causa de la humanidad."*

Este es un programa de investigación psicológica que va de la mano con el proyecto revolucionario: ¿qué tecnología social se requiere para construir un ser humano más solidario, empático, con valores que guían de manera más poderosa su vida, con mayor capacidad emocional, menos alienado?

---

[84] ARDILA, Rubén. La psicología en América Latina. Pasado, presente y futuro. Siglo XXI. México, 1986. Pág. 184

118

El marxismo entronca con lo más avanzado del pensamiento científico y revolucionario. La lucha de clases se da en todos los terrenos y el teórico es uno de ellos. La concepción del psiquismo humano que transita por los carriles especulativos termina abonando teorías que no son más que una apología de la explotación capitalista. La verdad es revolucionaria y el marxismo es ciencia aplicada a la tarea de la liberación de los pueblos. La psicología pensada desde la revolución socialista tiene hoy la tarea de continuar dialogando con lo más avanzado de la ciencia y de la técnica psicológica. El imperialismo trabaja desde la ciencia para perfeccionar sus acciones psicológicas y medir la penetración de sus mensajes en las capas populares, llevando varias décadas de una ventaja que utiliza para la dominación mundial. Ya en 1952 el presidente Eisenhower, en un discurso en Cincinnati, afirmó que usaría *"todas las tácticas políticas, económicas y psicológicas"* para derribar el socialismo en Europa oriental.[85]

Hoy es conocido el proyecto *MK Ultra*. Fidel Castro se refirió a este tema en una nota de agosto de 2010 (*"El gobierno mundial – primera parte"*)[86], en la que recoge una investigación de Daniel Estulin -*"Los secretos del Club Bilderberg"*. Allí explica cómo, utilizando como conejitos de indias a niños y niñas de orfanatos y hospitales psiquiátricos, aplicaron básicamente dos métodos,

---

[85] BERECZ, Janos. 1956: Contrarrevolución en Hungría, palabras y armas. Ed. Tesys. Barcelona, España (1988). Pág. 21.
[86] "El gobierno mundial – primera parte" [en línea] [fecha de consulta: 31/10/2015]. Disponible en: Fidel Castro, 2010. http://www.cubadebate.cu/reflexiones-fidel/2010/08/17/el-gobierno-mundial-primera-parte/#.Vk8oStlvfUI

tortura y drogas, para investigar la anulación y la disociación de la conciencia humana. Las drogas, psilocibina y LSD, eran provistas por la firma farmacéutica Sandoz. Ante las crecientes denuncias de las víctimas, la CIA lo finalizó en 1973. Cuando hoy se habla de este proyecto se dice ligeramente que las investigaciones fracasaron y que por lo tanto no hubo ninguna aplicación concreta de los resultados del *MK Ultra*. Sin embargo, en su resumen del libro de Estulin, Fidel pone especial interés en destacar a un personaje que nos aclara el tema, se trata de Aldous Huxley, el autor de *"Las puertas de la percepción"* (1954). Su novela más famosa *"Un mundo feliz"*, según refiere el texto, era en realidad un borrador encargado por varios consejos mundiales de elites dominantes donde el autor planteaba *"el método científico para mantener a todas las poblaciones fuera de la elite minoritaria en un estado casi permanente de sumisión y enamoradas de sus cadenas."* La versión de que el *MK Ultra* no derivó en aplicaciones prácticas es un camuflaje, desmentido por la aplicación sistemática de la dupla tortura-evitación en todo el mundo occidental, ambos exitosísimos métodos de disciplinamiento social.

La investigadora Naomi Klein, en su libro *"La doctrina del shock"*,[87] demuestra cómo avanza el neoliberalismo luego de que los pueblos reciben un sacudimiento, sea natural o sea políticamente producido. Con el shock bajan sus defensas psicológicas y aparece la necesidad social en una *"figura fuerte"* salvadora.

---

[87] KLEIN, Naomi. La Doctrina del Shock: el auge del capitalismo del desastre. Paidós Ibérica (2007).

Junto con ello, el capitalismo privilegió la línea cultural de reforzar las tendencias evitativas, promoviendo un modo de vida hedonista y consumista, la cultura de la droga, de la diversión compulsiva, donde el *"american dream"* se infiltra en nuestras conciencias imperceptiblemente. Es la aplicación masiva de la evitación experiencial brindando salidas fáciles que solamente conducen al sinsabor vital. Es un mecanismo para la construcción del *"hombre light"*, un ser humano disociado, modelado para ser funcional al capitalismo.

Esos poderes son los más interesados en hacer que los pueblos continúen en el pantano del pensamiento escolástico de las teorías especulativas, por tal motivo, no escatiman esfuerzos en venderlas como teorías progresistas y de avanzada. Los conocimientos científicos son resguardados en los centros de elite donde forman a sus cuadros.

Tenemos la posibilidad de dar nuevos cauces a la teoría psicológica. Hemos propuesto un debate hasta ahora en pasmosa soledad acerca de la reflexión sobre la evolución de la personalidad en el marco del proceso revolucionario en un texto que hemos dado en llamar *"Hombre Nuevo – Mujer Nueva"*.[88] En dicho texto partimos de algunas ideas propuestas en este texto, acerca de la carencia de historicismo de la psicología en boga. Desde allí planteamos que, específicamente, pocos temas han permeado la lógica de la sociedad dividida en clases como el de

---

[88] GUILLI, Sergio Mario, VÁZQUEZ, Silvia. Hombre nuevo – Mujer nueva. Ensayo sobre la transformación revolucionaria de la personalidad. Ed. Sexta Tesis. 2002 Disponible en Internet en http://www.6tesis.com.ar - "Descargas".

las motivaciones y la personalidad. Definimos con Leontiev que *"la estructura de una personalidad es una configuración relativamente estable de las principales líneas motivacionales, jerarquizadas dentro de sí."*[89] Siguiendo al Che Guevara, vemos que las motivaciones pueden dividirse en dos grandes grupos: las materiales o las morales[90]. Concluimos que existen dos estructuras básicas de la personalidad que, de acuerdo a las motivaciones dominantes, hemos dado en llamar *ego* y *yo* respectivamente. Esta línea de investigación tiene un potencial enorme para comprender el proceso de transformación del psiquismo del ser humano de la sociedad dividida en clases en el hombre nuevo y la mujer nueva.

La investigación marxista, científica y revolucionaria en materia de psicología, debe abarcar un amplio campo en el diseño de la nueva sociedad y en apoyo del trabajo de las organizaciones populares en variados campos:

- La integración desde las currículas escolares en el entrenamiento en habilidades sociales, así como habilidades de pensamiento lateral investigadas por Edward del Bono. Un sesgo racionalista de la idea establecida de lo que deberían hacer los niños en la escuela impide la incorporación de modelos útiles para afrontar de manera efectiva y creativa la vida.

---

[89] LEONTIEV, Aleksei. Actividad, Conciencia, Personalidad. Ed. Pueblo y Educación - La Habana – Cuba (1981). Pág. 181
[90] GUEVARA, Ernesto. El socialismo y el hombre en Cuba (1965).

- El diseño de modelos de intervención para la población carcelaria que demuestre en la práctica la superación del modelo represivo.

- Los desafíos de la transformación de la estructura básica de la personalidad, requiere de tecnologías psicológicas adecuadas para producir la transición del ego al yo, de las motivaciones materiales a las morales. En definitiva, el desafío central del socialismo: ¿cómo hacemos para que el trabajo cooperativo y solidario despierte más motivación que el trabajo individualista y centrado en la ganancia personal?

- El gerenciamiento socialista y la gestión cooperativa de la empresa.

- El diseño e interpretación científicos de encuestas.

- La superación del trastorno por estrés postraumático en víctimas de conflictos armados, desplazamientos, torturas, etc.

- La desarticulación de las tácticas de la guerra psicológica que cotidianamente y fundamentalmente a través de los medios hegemónicos se desarrolla entre la población. La construcción de estrategias comunicacionales adaptadas a las coyunturas políticas y basadas en evidencias para las organizaciones populares.

- La investigación sobre el hombre nuevo y la mujer nueva y las vías para su construcción conciente.

Éste es el futuro que nos abre la posibilidad de pensar la psicología desde la ciencia y el marxismo. En ese marco, el procesamiento emocional de traumas y la alfabetización emocional aplicados a escala global son tecnologías que pueden coadyuvar al desarrollo de la sensibilidad y la empatía humanas. Es decir, hacer conciente lo inconciente y gestionar eficazmente nuestro mundo interno e interpersonal. Pensar e investigar los aportes que puede hacer la psicología para avanzar en la construcción de un ser humano nuevo, con una *capacidad emocional* superior, es decir, que se supere en la aptitud para sentir en carne propia la afrenta sufrida por cualquier ser humano en cualquier rincón del planeta. No estamos planteando que lo psicológico suplante a lo político e ideológico, pero afirmamos que lo político e ideológico que prescinda de lo psicológico está destinado al fracaso. Sirva este texto como una invitación a generar una sinergia de saberes en el camino de la construcción de una nueva humanidad.